임용 수험생을 위한 진심을 담은 강의

임수진
보건임용

기본이론 복습노트

02

합격이 보건 임용!

이 책의 구성과 활용법

Step 1
마이-맵을 활용한 학습요점 정리

오늘 공부한 내용의 구성을 정리해 봅시다.

💧 마이-맵을 통해 내용의 단순화와 체계화를 통해 효율적인 학습을 할 수 있어요.

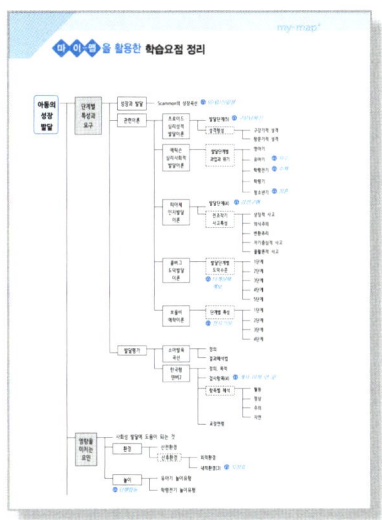

Step 2
개정학습(개념정리학습)

오늘 공부한 키워드를 정리해 봅시다.

💧 괄호 넣기를 통해서 키워드에 집중학습을 할 수 있어요.
또한, 서답형 시험 문제 중 기입형 문항에 대한 대비를 할 수 있어요.
반복학습을 통해 완벽대비를 해보세요.
반복학습을 할 때마다 ☑☐☐☐☐ 표시를 해보세요.

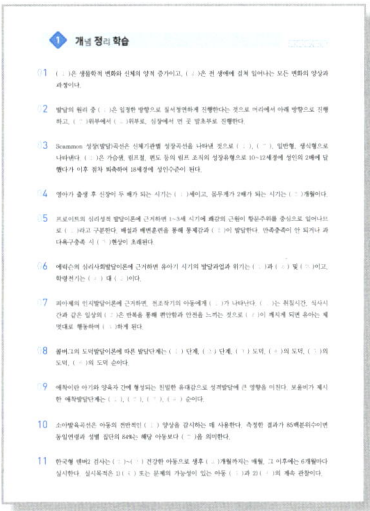

Step 3
개인학습(개념인출학습)

오늘 공부한 중요 내용을 정리해 봅시다.

💧 정의와 요소 등에 관한 인출학습을 통해서 서답형 시험 문제 중 서술형 문항에 대한 대비를 할 수 있어요.
반복학습을 통해 완벽대비를 해보세요.
반복학습을 할 때마다 ☑☐☐☐☐ 표시를 해보세요.

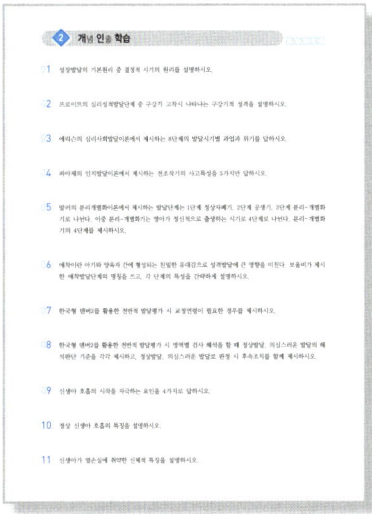

이 책의 차례

 이 책의 구성과 활용법 ··· 3

아동간호학

제1장	아동의 성장발달 ··· 8
제2장	안전과 사고관리 ··· 23
제3장	소아질환의 간호 ··· 24
제4장	아동학대 ··· 31

응급간호학

제1장	응급처치 기본원리 ··· 36
제2장	심폐소생술(CPR) ··· 39
제3장	폐색과 쇼크 ··· 44
제4장	내과적 응급처치 ··· 49
제5장	외과적 응급처치 ··· 52

PART 05 성인간호학 총론

제1장	건강사정	66
제2장	수분과 전해질	72
제3장	면역과 알레르기	80
제4장	종양간호	87
제5장	재활간호	91
제6장	노인간호	96

임수진
보건임용

PART 03

아동간호학

CHAPTER 01 아동의 성장발달

CHAPTER 02 안전과 사고관리

CHAPTER 03 소아질환의 간호

CHAPTER 04 아동학대

CHAPTER 01 아동의 성장발달

영역			내용	
성장발달 단계별 특성과 요구	성장발달 관련 이론	성장발달	Scammon의 성장곡선 [2003]	
		프로이드 심리성적 발달이론	학령기 아동 발달단계 [1993, 2011], 청소년기 발달단계 [1999 추가], 유아기 발달단계 [2016], 배변훈련과 성격형성 관계 [2016]	
		에릭슨 심리사회적 발달이론	정서발달 단계에서 최초 형성되는 것 [1992], 심리사회발달 특성단계 [2010], 청소년기 발달단계 [1999 추가], 학령기 성장발달단계 [1993], 학령기 과업과 위기 [1995]	
		마르시아 정체감 4범주		
		피아제 인지발달이론	학령기 성장 발달단계 [1993, 2011], 청소년기 발달단계 [1999 추가], 유아기 인지발달특성 [2008]	
		셀만의 사회적 조망수용이론		
		콜버그 도덕성 발달이론	학령기 아동 발달단계 [2011], 발달단계 판단 [2014], 유아기 도덕발달 수준과 특성 [2008]	
		설리반 대인관계이론		
		말러의 분리개별화 이론		
		애착이론	보울비 애착의 4단계의 구분과 특성 [2015]	
			Ainsworth의 애착 유형	
		성 발달	성 유형이 뚜렷해지는 시기 [1993]	
		언어발달		
	성장발달 평가	소아발육곡선 정의와 결과해석 [2009]		
		한국형 Denver II	정의 [2009], 검사 대상 연령 [2025], 수행목적 [2025]	
			검사항목 [2009]	
			교정연령 [2025], 항목별 해석 [2012]	
성장발달에 영향을 미치는 요인	아동의 사회성 발달에 도움이 되는 것 [1994]			
	성장발달 단계별 부모의 역할			
	아동의 성장과 발달에 영향을 주는 내적 환경 [1993]			
	놀이유형 [2018]			
신체발달 장애	발달 단계별 특성	신생아기 특성	신생아 관리의 4대 원칙 [1996]	
			캥거루식 돌보기 수행방법 [2017]	
			열손실 기전	
			APGAR [2017, 2021]	목적, 항목(5), 점수 의미
			생리적 특성	마유 [2021]
				포유반사 [2021], 모로반사 [2023], 긴장성 경반사 [2025]
			출생 시 손상	
			고빌리루빈혈증	핵황달 [2023]
			신생아 용혈성 질환	
			호흡곤란증후군	
			미숙아	

신체발달 장애	발달 단계별 특성	영아기 특성	건강한 1세 유아의 신체적 발달과업 `1994`	
			양안시 발달완성시기 `2009`	
			철분결핍성 빈혈, 영아를 위한 간호중재 `2009`	
			성인보다 수분의 섭취와 배설이 많은 이유 `1996`	
		유아기 특성	척수의 유수화 `2009`	
			젖병충치와 그 예방법 `2017`	
			대소변 훈련	즐거운 경험, 시작 가능 시기 `1994`
			발달적 행동 특성	분노발작, 퇴행 `2007, 2016`, 거부증 `2022`
		학령 전기 특성	제1영구 대구치가 나오는 일반적 연령 `1992`	
			성역할이나 성유형이 뚜렷해지는 시기 `1993`	
			5살에 흔히 나타날 수 있는 생리적 수면장애 `2023`	
		학령기 특성	림프조직 급성장기 `2009`	
			골격의 광화작용으로 활발하게 일어나는 시기 `2009`	
		청소년기 특성	초등학교 고학년 학생의 신체·생리적 발달특징/심리적 발달특징 `1998`	
			이차성징	남아의 이차성징 호르몬 `1996`, 사춘기에 생식기관들의 성장과 발달속도가 급속히 증가하는 이유 `2023`
			사춘기 남아의 여드름 관련 호르몬(2) `2020`	
			아포크린 한선이 활발히 작용하는 시기 `2009`	
			성적 성숙변화단계 `2013, 2019, 2023`	
			골격의 광화작용 완성으로 근육과 골격 간의 균형이 이루어지는 시기 `2009`	
			청소년기 발달과업 5가지와 발달과업 성취를 위한 중재 3가지 `2001`	
			초기 자기중심적 사고를 반영하는 특성으로 나타나는 상상적 청중과 개인적 우화 설명 `2006`	
	성장발달 장애	신체성장장애 (저신장증)	성장호르몬 결핍으로 인한 저신장증 `2014`	
			성장호르몬 분비기관과 성호르몬 요법 치료시기 `2024`	
		필수 아미노산을 함유한 단백질 섭취량의 부족 현상으로 나타나는 증상 `1994`		
		성조숙증	가성 성조숙증의 원인, 증상, 관리방안 `2013`	
		남아의 여성화 유방의 관리방안 `1996`		
		선천성 대사장애	선천성 대사 이상 검사 명칭 `2025`	
			페닐케톤뇨증 `1993, 1994 – 보기언급`	
			선천성 갑상선기능저하증 `1993 – 보기언급`, 선천성 갑상선 기능저하증의 혈액검사 결과와 투약해야 하는 약물의 명칭과 투약기간 `2025`	
			갈락토스혈증 `1993 – 보기언급`	
			지질대사 결핍 : Tay-Sachs dz `1992, 1993`	
		염색체 이상	상염색체 이상	다운증후군 역학적 특성/원인/증상 `1994`
				Cri du Chat : 묘성증후군 `1995 – 보기언급`
			성염색체 이상	클라인펠터 증후군 `1994, 1995`
				터너증후군 `1994, 1995`

마이-맵을 활용한 학습요점 정리

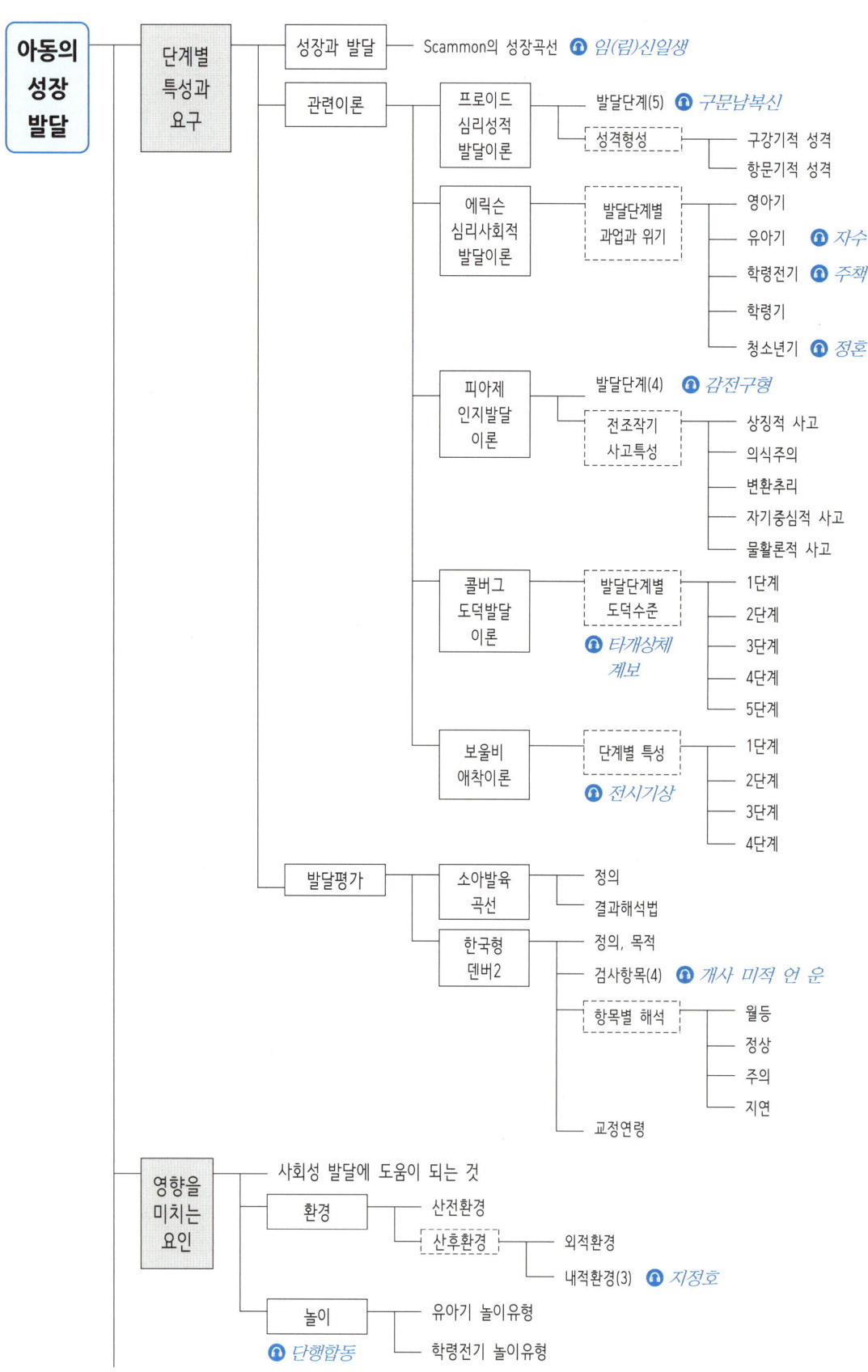

PART 03. 아동간호학

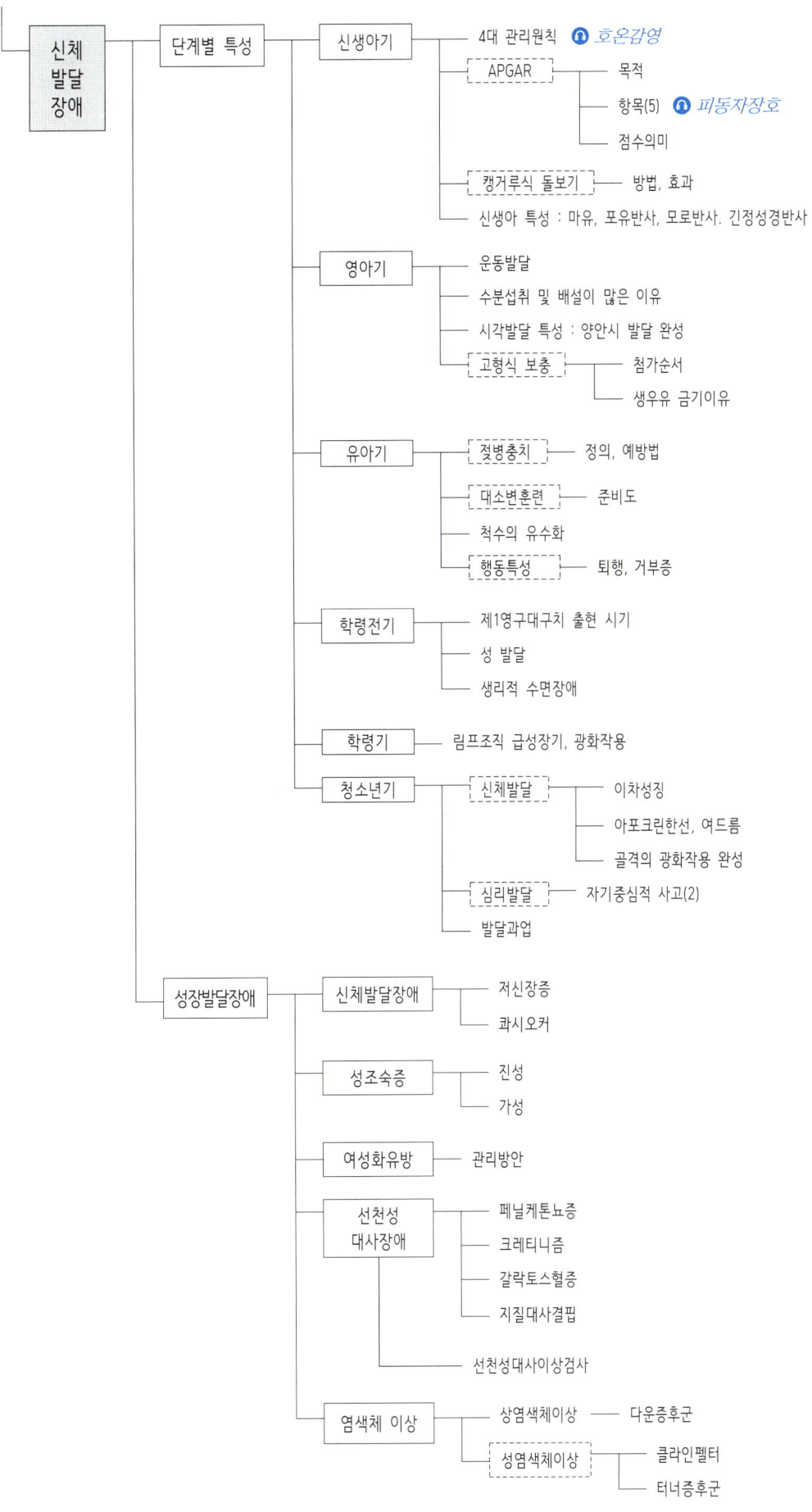

개념 정리 학습

01 (①)은 생물학적 변화와 신체의 양적 증가이고, (②)은 전 생애에 걸쳐 일어나는 모든 변화의 양상과 과정이다.

02 발달의 원리 중 (①)은 일정한 방향으로 질서정연하게 진행한다는 것으로 머리에서 아래 방향으로 진행하고, (②)위부에서 (③)위부로, 심장에서 먼 곳 말초부로 진행한다.

03 Scammon 성장(발달)곡선은 신체기관별 성장곡선을 나타낸 것으로 (①), (②), 일반형, 생식형으로 나타낸다. (①)은 가슴샘, 림프절, 편도 등의 림프 조직의 성장유형으로 10~12세경에 성인의 2배에 달했다가 이후 점차 퇴축하여 18세경에 성인수준이 된다.

04 영아가 출생 후 신장이 두 배가 되는 시기는 (①)세이고, 몸무게가 2배가 되는 시기는 (②)개월이다.

05 프로이트의 심리성적 발달이론에 근거하면 1~3세 시기에 쾌감의 근원이 항문주위를 중심으로 일어나므로 (①)라고 구분한다. 배설과 배변훈련을 통해 통제감과 (②)이 발달한다. 만족충족이 안 되거나 과다욕구충족 시 (③)현상이 초래된다.

06 에릭슨의 심리사회발달이론에 근거하면 유아기 시기의 발달과업과 위기는 (①)과 (②) 및 (③)이고, 학령전기는 (④) 대 (⑤)이다.

07 피아제의 인지발달이론에 근거하면, 전조작기의 아동에게 (①)가 나타난다. (①)는 취침시간, 식사시간과 같은 일상의 (②)은 반복을 통해 편안함과 안전을 느끼는 것으로 (②)이 깨지게 되면 유아는 제멋대로 행동하며 (③)하게 된다.

08 콜버그의 도덕발달이론에 따른 발달단계는 (①) 단계, (②) 단계, (③) 도덕, (④)의 도덕, (⑤)의 도덕, (⑥)의 도덕 순이다.

09 애착이란 아기와 양육자 간에 형성되는 친밀한 유대감으로 성격발달에 큰 영향을 미친다. 보울비가 제시한 애착발달단계는 (①), (②), (③), (④) 순이다.

10 소아발육곡선은 아동의 전반적인 (①) 양상을 감시하는 데 사용한다. 측정한 결과가 85백분위수이면 동일연령과 성별 집단의 84%는 해당 아동보다 (②)을 의미한다.

11 한국형 덴버2 검사는 (①)~(②) 건강한 아동으로 생후 (③)개월까지는 매월, 그 이후에는 6개월마다 실시한다. 실시목적은 1) (④) 또는 문제의 가능성이 있는 아동 (⑤)과 2) (⑥)의 계속 관찰이다.

12 한국형 덴버2 검사의 검사항목은 (①), (②), (③), (④)이다.

13 산후환경 중 내적환경으로 아동의 성장발달에 영향을 주는 요인은 (①), (②), (③)이다.

14 유아기에 적합한 놀이는 바퀴 달린 손수레 밀고 다니기로 놀이의 유형은 (①)이고, 학령전기에 나타나는 놀이유형은 (②)이다.

15 캥거루식 돌보기는 (①) 발달의 촉진 및 부모–영아의 (②)과 (③)을 돕기 위해 사용되는 미숙아 발달 지지법이다. 방법은 부모가 앞가슴을 열 수 있는 옷을 입고, 신생아를 기저귀만(or 기저귀와 모자) 채운 채 부모의 가슴 위로 안는 방법으로 서로 (④)을 하고, 피부와 피부가 밀착되게 유지하는 것이다.

16 APGAR score는 출생 후 1분과 5분에 각각 5가지 항목(① , ② , ③ , ④ , ⑤)에 대해 각 항목당 0~2점 배점으로 신생아의 즉각적인 (⑥) 적응을 사정하는 방법이다.

17 제대절단 후 (①) 여부 확인하기 위해 혈관 수를 확인해야 한다. 정상 제대혈관은 2개의 (②)과 1개의 (③)으로 이루어져 있다.

18 신생아는 간의 미성숙으로 인해 (①), (②), (③), (④) 등이 나타날 수 있다.

19 신생아는 물체를 45~90° 내에서 움직이면 눈을 물체의 움직임에 따라 고정하거나 물체를 따라서 볼 수 있다. 안구에 빛을 비추면 눈을 감는 (①)반사가 일어나며 각막을 자극하면 눈이 감겨지는 (②)반사가 나타난다. 생후 3주까지 (①)반사가 없으면 실명상태로 판단한다.

20 양안의 조절로 시간을 통해 들어온 상을 뇌에 융합하는 것은 생후 (①)부터 시작해서 (②)경에 완성된다. 양안시가 완성되면 두 눈을 동시에 사물에 고정한다.

21 모체로부터 받은 성호르몬(에스트로겐, 프로게스테론)의 영향으로 인해 정상적으로 생후 2~3일경에 (①)울혈과 함께 유우처럼 하얀 액체의 (②)의 분비가 가능하다. 감염될 수 있으므로 짜지 말아야 한다. 그대로 두어도 자연소실된다.

22 (①)은 모체로부터 받은 성호르몬(에스트로겐, 프로게스테론)이 갑자기 줄어들어서 나타날 수 있는 정상적인 현상이며 혈액성, 점액성 질 분비물이 보일 수 있다.

23 (①)반사는 뺨을 톡톡치거나 접촉하면 머리를 자극방향으로 돌리는 원시반사로 생후 (②)경 소실된다.

24 (①)반사는 손으로 아기 어깨를 받치고 몸을 지탱하면서 머리를 갑자기 떨어뜨리거나 자세를 갑자기 변경시키면 등과 팔다리를 쭉 펴면서 외전하고, 손가락은 따로따로 펴서 엄지와 검지가 'C' 모양을 보이며, 팔은 포옹하려는 듯이 움직이는 것으로 생후 (②)경에 소실된다. 쇄골골절, 상지신경 손상 시 (①)반사의 비대칭이 발생하고, 중추신경계 장애 시 (①)반사는 소실된다.

25 (①)반사는 아기를 반듯이 눕히고 머리를 한쪽으로 돌리면, 펜싱선수의 자세처럼 머리를 돌린 쪽의 팔과 다리를 뻗고 반대쪽의 사지는 굴곡되는 것으로 생후 (②)경에 소실된다.

26 핵황달은 혈중에 간접 빌리루빈이 증가하여 (①)과의 결합 능력 이상으로 많아지면, 불포화 빌리루빈 중 유리 빌리루빈(free bilirubin)의 양이 증가하고 이 유리 빌리루빈이 (②)을 통과하여 뇌세포에 침착하여 발생하는 신경학적 증후군으로 빌리루빈이 (③) 이상 시 나타난다. 교환수혈[아기혈액을 사혈시키고 (④)정맥으로 (⑤)형 혈액주입]과 광선치료의 병행치료를 한다.

27 황달의 광선치료의 기전은 빌리루빈 15mg/dL 이상 시, 피부의 (①)을 체외로 배설시키기 위해서 (②) 파장의 청색 광선을 적용하는 것으로 광선을 피부에 적용함으로써 피부 내 독성이 있는 (③)이 (④) 작용을 통해 포합을 거치지 않고 (⑤)을 통하여 배설되고, 불포합 상태로 (⑥)으로 배설된다.

28 임신성 당뇨 임부에서 태어난 신생아에게 나타날 수 있는 건강문제는 인슐린이 (①)처럼 작용하여 (②) 발생, 고인슐린혈증이 계면활성제를 만드는 인지질 생산을 방해하여 (③) 발생, 선천성 기형발생빈도 증가, (④), (⑤) 등이 초래될 수 있다.

29 대근육 운동과 미세운동이 머리에서 발끝으로, 중심부에서 말초부로 발달하고, (①) 운동이 (②)운동보다 먼저 발달한다. 생후 5개월에 (③)을 가지고 놀며 입으로 가져간다. 생후 7개월에는 잠깐씩 똑바로 (④), 생후 (⑤)에는 배밀이로 서서히 기는 것처럼 움직인다. 생후 (⑥)에는 혼자 설 수 있고 한 손을 잡고 걸을 수 있다.

30 모유나 인공유만으로 영양을 공급받던 영아가 생후 (①) 정도가 되면 모유의 분비량이 줄고, 성장속도가 빨라져서 영양부족이 발생되기 쉽기 때문에 (②)를 시작해야 한다. 처음에는 주로 곡분[(③)함량이 높음, 과즙과 같은 (④)를 함께 주면 철분 흡수율을 높임]을 제공하며 이후 채소, 과일, (⑤) 순으로 첨가해 나가야 한다.

31 척수의 (①)가 이루어져 (②) 말경에 뇌의 75%가 완성되고, 전체 운동기술의 대부분이 완성되며 항문과 요도조임근의 조절이 이루어진다.

32 젖병충치는 (①)개월~(②)세 어린이의 특별한 형태의 충치로 어린 시절의 전염성 질환으로 간주한다. (③)는 혀와 침으로 보호되므로 주로 (④)와 어금니에 호발한다.

33 18~24개월경에 척수의 (①)가 이루어져 (②)괄약근과 (③)괄약근의 발달로 괄약근의 조절하는 능력이 생기므로 방광과 장을 수의적으로 조절할 수 있게 된다. 따라서 대소변 가리기 훈련은 대략 (④)경에 이루어진다.

34 대소변을 가리는 순서는 (①) → (②) → (③) → (④) 순이다.

35 (①)과 (②) 획득과 관련된 행동특성으로 (③), (④), (⑤)가 나타난다. (③)은 훈육에 대해 격렬하게 저항하면서 독립심을 주장하는 것으로 내재된 스트레스 또는 좌절되는 상황에서 외부로 폭발한다. (④)은 의존성에서 자율성과 독립심으로 나가는 자율성 획득과 자아통제를 주장하는 것이다. (⑤)는 일상생활의 안정된 반복을 통해서 통제감과 자신감을 느끼려고 하는 것이다.

36 유뇨증은 일반적으로 5세의 아동이 방광조절이 예상됨에도 불구하고 불수의적인 배뇨가 되풀이되는 것으로 1주일에 (①) 이상, 적어도 (②) 동안 옷이나 침대에 반복적으로 소변을 보는 행동이 나타나면, (③) 이후에 진단한다.

37 첫 번째 영구치는 (①)쯤 젖니의 제2대구치 안쪽에 나는데, 이는 (②)이다. (②)는 치주모양의 기본이 되는 중요한 치아이므로 잘 보존해야 한다.

38 학령전기는 (①)과 신념을 형성하는 매우 중요한 시기로 (②)이나 성유형이 뚜렷해지는 시기이다.

39 악몽은 무서운 꿈으로 인해 잠에서 깨는 것으로 (①) 수면 시에 발생한다. (①) 수면 동안 자율신경계의 (②) 증상이 나타난다. 무서운 꿈을 꾼 후 완전히 잠에서 깨어나 울고, 겁에 질린 모습을 보인다. 이런 때는 아동 곁에 앉아서 안심시키고 편안하게 해주고, 낮 동안 아동의 스트레스를 줄여주는 게 도움 된다.

40 (①)은 잠자는 도중에 갑자기 큰 소리나 동작을 보이면서 심한 공포를 나타내는 증상으로 (②)에서 부분적으로 각성한다. 잠든 지 1~4시간 이내에 발생되고, 잠이 깨면 행동이 사라진다. 이런 때는 아동이 잠잠해지거나 완전히 깰 때까지 방해하지 말고 지켜보고, 아동이 침대로 돌아가도록 유도한다.

41 DSM-5-TR 진단기준에 포함된 수면각성장애의 범주에 포함되는 사건수면은 입면이나 수면 중 혹은 깨어날 때 행동이나 생리학적 사건의 문제가 있는 경우로 (①) 수면각성장애, (②)장애, (③) 수면행동장애가 포함된다. (③) 수면장애에는 (④), 야경증형이 포함된다.

42 학령기는 골격의 (①)작용이 활발하게 일어나는 시기로 1년 평균 (②)가 증가한다.

43 6세경 양안시, (①)이 완전히 발달하여 색깔 구분이 완성되고 시력은 (②)/20이 된다. 아동기까지 유스타키오관이 좀 더 길어지고, 좁아지며 경사지게 된다. 부비동은 미발달되어 있어 상부 호흡기 감염, (③) 자극, (④) 두통에 취약하다.

44 편도 아데노이드가 (①)까지 성장하고, 성인의 크기와 같아진다. 중기 아동기 동안 면역계가 빠르게 성장하여 최고조에 이르게 되어 감염이 (②)된다.

45 만성재발성 복통은 일반적으로 (①)개월에 (②) 이상 반복적으로 발생하며, 일상생활에 지장을 초래하는 정도의 복통이다.

46 성장통은 (①)보다 (②)의 성장이 빨라 뼈를 둘러싸고 있는 (③)이 늘어나 주위 신경을 자극하기 때문에 발생한다.

47 청소년기에 시상하부 – (①) – (②)체계가 완전히 제 기능을 하게 되면서 (①)와 (②)은 긍정적인 호르몬 자극에 대하여 민감성이 증가한다.

48 Tanner stage는 유방, 생식기, 음모 등의 발달과정을 통해 아동, 사춘기, 성인의 (①)을 보는 척도로 숫자는 (②)단계를 의미한다. 여아는 (③) → (④) → (⑤) → (⑥) → 몸무게 순으로 성숙하고, 남아는 (⑦) → (⑧) → (⑨) → (⑩) → 몸무게 순으로 성숙한다.

49 (①)은 분포가 한정되어 겨드랑이, 제와부위, 생식기와 항문 주위 모낭에 주로 있으며 (②)으로 물질을 분비한다. 이러한 물질이 피부 표면 박테리아와 작용하면 아주 고약한 냄새가 난다. (①)은 사춘기에 활발히 작용한다.

50 청소년의 자기중심성은 이기적인 의미가 아닌 세계와 세상을 보는 관점에서 (①)을 보이는 것을 말하는 것으로 자신의 사고와 감정에 대해 생각할 수 있다. 엘킨드가 제시한 청소년기 자기중심주의 유형 중 (②)은 모든 사람이 자신의 행동에 관심을 갖고 주목하고 있다고 상상하는 것이고, (③)는 자신의 감정과 경험이 완벽하게 독특하고 특별하다고 생각하는 것으로 위험한 행동을 할 가능성이 높다.

51 성장호르몬 결핍으로 인한 저신장증은 성장호르몬의 분비저하로 성장 및 대사 작용에 영향을 주어 왜소증을 유발하는 질병이다. 성장호르몬은 (①)에서 분비되는 호르몬으로 뼈, 근육 등의 성장뿐만 아니라 혈중의 (②)를 증가시키고 (③) 분해와 (④) 합성을 활성화시켜 조직과 기관의 성장에 중요한 작용을 한다.

52 성장호르몬 결핍증의 진단소견은 1) 성장호르몬 유발검사 결과 (①) 미만인 경우, 2) 역연령에 비해 (②) 미만, 3) 골격발육 지연으로 역연령에 비해 평균보다 (③) 이상 지연 시이다.

53 성장호르몬 결핍증의 치료는 성장호르몬의 보충이다. 성장호르몬은 매일 투여하지만 방사선 사진상 장골의 끝에 있는 (①)을 확인하고, (②)가 나타나면 중단해야 한다. 일주일에 6회(1회/하루) 성장호르몬을 투여한다. 생리적으로 밤 10시~새벽 2시에 성장호르몬 분비가 많으므로 잠들기 전 투여한다.

54 (①)는 열량섭취는 충분하되, 단백질이 결핍된 상태이다. 이와 관련된 건강문제로 1) (②)장애, (③)의 기능저하, 또래에 비해 마르고 허약함, 2) 복수, 부종, 피부가 건조하고 비늘처럼 벗겨지며 탈색, 모발 탈색 및 부분 탈모증, 3) 비타민 A 결핍으로 영구적 실명위기, 철분/칼슘/인과 같은 무기질 결핍 수반, 4) 감염에 대한 저항력 저하로 설사나 감염 빈발, 5) 간의 지방 침윤, 췌장의 포도상선세포의 위축으로 인슐린 분비기능 저하 유발, 6) 자극에 대한 과민증, 위축/무감각/행동 변화 등을 초래할 수 있다.

55 펠라그라병은 (①) 결핍증으로 조직 내 (①)이나 그 전구체인 (②)이 부족하여 여러 기관에 병변을 나타내는 영양장애에 의한 질환이다. (③), (④), (⑤)와 치료하지 않는 경우에는 사망(Death)을 초래하는 4D를 특징으로 한다.

56 성조숙증은 여아의 경우 (①) 이전에 (②)발달을 보이는 것이고, 남아는 (③) 이전에 (④)의 크기가 커지는 것이다.

57 성조숙증 진단검사는 (①)를 정주하고 90~120분까지 15~30분 간격으로 연속적으로 (②)와 (③)를 측정법이다. 진성 성조숙증 시에는 (②), (③), (④)이 모두 상승한 결과가 나타난다.

58 진성 성조숙증을 치료하기 위해서는 (①)를 투여한다. (②) 또는 (③)로 매일 혹은 매달 투여한다. 이로 인해 뇌하수체에서 (④), (⑤) 분비가 억제되고 2차적으로 (⑥)의 분비가 억제된다. 치료를 끝내면 사춘기가 시작된다.

59 사춘기 남아에게 양쪽 혹은 한쪽의 유방증대가 약 60%에서 발생할 수 있다. 사춘기 동안 남아에게 남성호르몬만 분비되는 것이 아니라 여성 호르몬인 (①)이 함께 분비되므로 발생된다. 남성적 발달이 이루어지면서 없어지는 생리적 현상으로 (②) 회복된다.

60 (①)장애는 효소 등 (②)에 필요한 필수적인 물질의 결핍에 의해 발생되는 수많은 유전질환이다. 신체적·인지적 장애를 예방하기 위해 조기진단과 신속한 치료가 매우 중요하므로 국가에서 지원하는 6종 질병에 대한 필수선별검사인 (③)를 실시해야 한다.

61 페닐케톤뇨증은 (①)(조직 성장을 위한 필수아미노산)을 (②)으로 전환하는 효소인 (①) 수산화효소의 활성이 선천적으로 저하되어 혈류에 (①)이 축적되는 (③) 유전성 질환이다.

62 (①)은 선천성 갑상선기능저하증으로 신생아 선별검사는 생후 (②) 사이에 발꿈치의 혈액을 이용하는 것이 가장 좋다. T_4(Thyroxine)를 검사하고, T_4가 낮으면 (③)을 검사한다. 그 결과 (④)는 높고($> 50\mu$IU), (⑤)는 낮을 때(< 6mg/dL) 진단 내린다.

63 선천성 갑상선기능저하증은 (①) 후 바로 진단하여 치료를 시작하면 정상적 성장발달이 가능하다. 이를 위해서 (②)를 복용하게 한다.

64 갈락토스혈증은 선천성 탄수화물 대사장애로 (①) 유전질환으로 간의 갈락토스 전이효소가 결핍되어 갈락토스가 (②)로 전환되지 못한다. 신생아기에 (③)으로 선별검사 실시하고, 진단검사는 총 갈락토스농도를 측정한다.

65 영아성 뇌반점 퇴행(Tay-sachs dz)은 지질대사 결핍으로 지질 침착을 유발하는 (①) 유전질환이다. (②)가 뇌의 (③)에 축적하여 근긴장도를 감소시키고 뇌는 위축되고 단단하고, (④)에서 지질축적이 확인된다.

66 Cri-du-chat(묘성증후군)은 (①) 단완결손으로 발생되는 것으로 후두의 결함으로 후두위축이 초래되어 고음의 고양이 울음과 같은 소리를 낸다. (②), 소두증, 턱이 작은 소하악증, 심한 (③)가 초래된다.

67 다운증후군은 (①) 이상으로 발생, 95%가 21번 삼체성으로 총 염색체수가 47개이며, 핵형은 (②)로 표기한다.

68 (①)은 성염색체 이상으로 정상 남아보다 X염색체가 한 개 더 많은 염색체 이상 질환으로 남아의 일차성 고환기능 부전증이 특징이다.

69 (①)은 성염색체 수가 1개가 결손되어 XO 형태를 나타내며, 여자의 일차성 (②) 기능 부전증이다.

---

01 ① 성장, ② 발달
02 ① 방향성, ② 근, ③ 원
03 ① 림프형, ② 신경형
04 ① 4, ② 4
05 ① 항문기, ② 자율감, ③ 고착
06 ① 자율감, ② 수치심, ③ 의심, ④ 주도성, ⑤ 죄책감
07 ① 의식주의, ② 의식, ③ 퇴행
08 ① 타율적, ② 개인주의적, ③ 상호관계, ④ 사회체계, ⑤ 사회계약 지향, ⑥ 보편원리 지향
09 ① 전애착기, ② 애착형성기, ③ 애착기, ④ 상호관계형성기
10 ① 신체 성장, ② 작다는 것
11 ① 출생, ② 6세, ③ 24, ④ 발달지연, ⑤ 선별, ⑥ 발달상 고위험 아동
12 ① 개인-사회성, ② 미세운동-적응, ③ 언어, ④ 전체운동
13 ① 지능, ② 정서, ③ 호르몬

14 ① 평행놀이, ② 연합놀이

15 ① 신경행동, ② 친밀감, ③ 애착, ④ 눈 맞춤

16 ① 피부색, ② 심박동수, ③ 자극에 대한 반응, ④ 근긴장도, ⑤ 호흡능력, ⑥ 자궁 외 생활

17 ① 선천성 이상, ② 동맥, ③ 정맥

18 ① 생리적 빈혈, ② 생리적 황달, ③ PT연장, ④ 저혈당

19 ① 눈깜박, ② 각막

20 ① 6주, ② 4개월

21 ① 유방, ② 마유(witch's milk)

22 ① 가성월경

23 ① 포유, ② 3개월

24 ① 모로, ② 3~4개월

25 ① 긴장성 경, ② 3~4개월

26 ① 알부민, ② 뇌혈관 장벽, ③ 20mg/dL, ④ 제대, ⑤ Rh⁻O

27 ① 간접 빌리루빈, ② 420~470nm, ③ 불포합(간접) 빌리루빈, ④ 광이성화(photoisomerization), ⑤ 담즙, ⑥ 신장

28 ① 성장호르몬, ② 거대아, ③ 호흡곤란증후군, ④ 저혈당, ⑤ 저칼슘혈증

29 ① 대근육, ② 미세, ③ 발가락, ④ 앉을 수 있고, ⑤ 8개월, ⑥ 12개월

30 ① 4~6개월, ② 고형식이, ③ 철분, ④ Vit C, ⑤ 고기

31 ① 유수화, ② 2세

32 ① 18, ② 3, ③ 아래쪽 앞니, ④ 위쪽 앞니

33 ① 유수화, ② 항문, ③ 요도, ④ 18~24개월

34 ① 야간 대변, ② 주간 대변, ③ 주간 소변, ④ 야간 소변

35 ① 자율성, ② 독립심, ③ 분노발작, ④ 거부증, ⑤ 의식주의

36 ① 2회, ② 3개월, ③ 5세

37 ① 6세, ② 제1대구치

38 ① 성정체감, ② 성역할

39 ① REM, ② 기능항진

40 ① 야경증, ② 매우 깊은 수면(NREM)

41 ① 비급속안구운동, ② 악몽, ③ 급속안구운동, ④ 몽유병형

42 ① 광화, ② 6cm

43 ① 망막, ② 20, ③ 부비동, ④ 부비동성

44 ① 7세, ② 국소화

45 ① 3, ② 3회

46 ① 근육, ② 골격, ③ 골막

47 ① 뇌하수체, ② 성선

48 ① 성성숙 발달, ② 발달, ③ 유방, ④ 음모, ⑤ 키, ⑥ 초경, ⑦ 고환, ⑧ 음모, ⑨ 사정, ⑩ 키

49 ① 아포크린한선, ② 감정자극

50 ① 자기중심적인 성향, ② 상상의 청중, ③ 개인적 우화

51 ① 뇌하수체 전엽, ② 당 농도, ③ 지방, ④ 단백질

52 ① 7~10ng/mL, ② 3백분위수, ③ 2표준편차

53 ① 성장판, ② 골단 폐쇄

54 ① 콰시오커, ② 발육, ③ 내장기관

55 ① 니아신(Vit B_3), ② 트립토판, ③ 피부염(Dermatitis), ④ 설사(Diarrhea), ⑤ 치매(Dementia)

56 ① 7~8세, ② 유방, ③ 9세, ④ 고환

57 ① GnRH(100μg), ② LH, ③ FSH, ④ 성호르몬

58 ① GnRH agonist(leuprolide acetate, zoladex), ② 근육, ③ 피하, ④ LH, ⑤ FSH, ⑥ 성호르몬

59 ① 에스트로겐, ② 자연히

60 ① 선천성 대사, ② 세포대사, ③ 선천성 대사이상 검사

61 ① 페닐알라닌(조직 성장을 위한 필수아미노산), ② 티로신, ③ 상염색체 열성

62 ① 크레티니즘, ② 2~6일, ③ 갑상선자극호르몬(TSH), ④ TSH, ⑤ T_4

63 ① 출생, ② 갑상선호르몬 제제(L-thyroxine)

64 ① 상염색체 열성, ② 글루코즈, ③ Beutler법(결손효소의 측정법)

65 ① 상염색체 열성, ② 강글리오시드, ③ 회백질, ④ 신경세포

66 ① 5번 염색체, ② 양안격리증, ③ 지적장애

67 ① 상염색체, ② [47, XX(XY), +21]

68 ① 클라인펠터증후군

69 ① 터너증후군, ② 난소

2 개념 인출 학습

01 성장발달의 기본원리 중 결정적 시기의 원리를 설명하시오.

02 프로이트의 심리성적발달단계 중 구강기 고착시 나타나는 구강기적 성격을 설명하시오.

03 에릭슨의 심리사회발달이론에서 제시하는 8단계의 발달시기별 과업과 위기를 답하시오.

04 피아제의 인지발달이론에서 제시하는 전조작기의 사고특성을 5가지만 답하시오.

05 말러의 분리개별화이론에서 제시하는 발달단계는 1단계 정상자폐기, 2단계 공생기, 3단계 분리-개별화기로 나뉜다. 이중 분리-개별화기는 영아가 정신적으로 출생하는 시기로 4단계로 나뉜다. 분리-개별화기의 4단계를 제시하시오.

06 애착이란 아기와 양육자 간에 형성되는 친밀한 유대감으로 성격발달에 큰 영향을 미친다. 보울비가 제시한 애착발달단계의 명칭을 쓰고, 각 단계의 특성을 간략하게 설명하시오.

07 한국형 덴버2를 활용한 전반적 발달평가 시 교정연령이 필요한 경우를 제시하시오.

08 한국형 덴버2를 활용한 전반적 발달평가 시 영역별 검사 해석을 할 때 정상발달, 의심스러운 발달의 해석판단 기준을 각각 제시하고, 정상발달, 의심스러운 발달로 판정 시 후속조치를 함께 제시하시오.

09 신생아 호흡의 시작을 자극하는 요인을 4가지로 답하시오.

10 정상 신생아 호흡의 특징을 설명하시오.

11 신생아가 열손실에 취약한 신체적 특징을 설명하시오.

12 캥거루식 돌보기의 효과를 설명하시오.

13 열손실 기전 중 대류와 증발을 설명하시오.

14 아프가 점수의 정의를 답하고, 점수별 결과해석법을 함께 제시하시오.

15 정상 신생아 피부에는 일반적으로 말단청색증이 나타난다. 말단청색증의 발생기전을 설명하시오.

16 생리적 황달의 발생시기와 발생기전을 제시하시오.

17 1세 이전의 영아에게 생우유를 금해야 하는 이유를 설명하시오.

18 유아기 시기에 퇴행이 발생하는 원인을 설명하시오.

19 청소년 시기 여드름 발생기전을 설명하시오.

20 해비거스트의 청소년기 발달과업을 답하시오.

21 페닐케톤뇨증의 증상과 징후를 답하시오.

22 영아성 뇌반점 퇴행(Tay-sachs dz)의 증상과 징후를 답하시오.

23 다운증후군 아동의 신체 특징 중 손과 발의 특징과 얼굴의 특징을 제시하시오.

24 터너증후군의 특징적인 3대 임상증상을 답하시오.

CHAPTER 02 안전과 사고관리

영역	기출영역 분석
아동기 안전사고의 원인 및 유형	학령기 아동에게 사고위험이 높은 이유를 발달특성과 관련하여 설명 2005 ※ 학교보건 : 환경관리, 안전과 폭력사고 예방관리(임수진 보건임용 1권 참고)
사고예방을 위한 안전한 방법	초등학생 발달특성과 관련하여 학교복도와 계단에서의 낙상예방 방안 2010 ※ 학교보건 : 환경관리, 안전과 폭력사고 예방관리(임수진 보건임용 1권 참고)
	가정에서의 전기사고 예방을 위한 전기기구 취급 시 주의사항 2005 ※ 학교보건 : 환경관리, 안전과 폭력사고 예방관리(임수진 보건임용 1권 참고)
아동의 사고에 따른 간호수행	
아동응급처치의 원칙 및 올바른 응급처치	학교 응급환자 발생 시 가장 먼저 취해야 할 지침 : 교직원 행동강령 2011 ※ 응급간호 : 응급처치기본원리 – 응급환자의 분류 및 긴급이송(임수진 보건임용 2권 참고)

마이-맵을 활용한 학습요점 정리

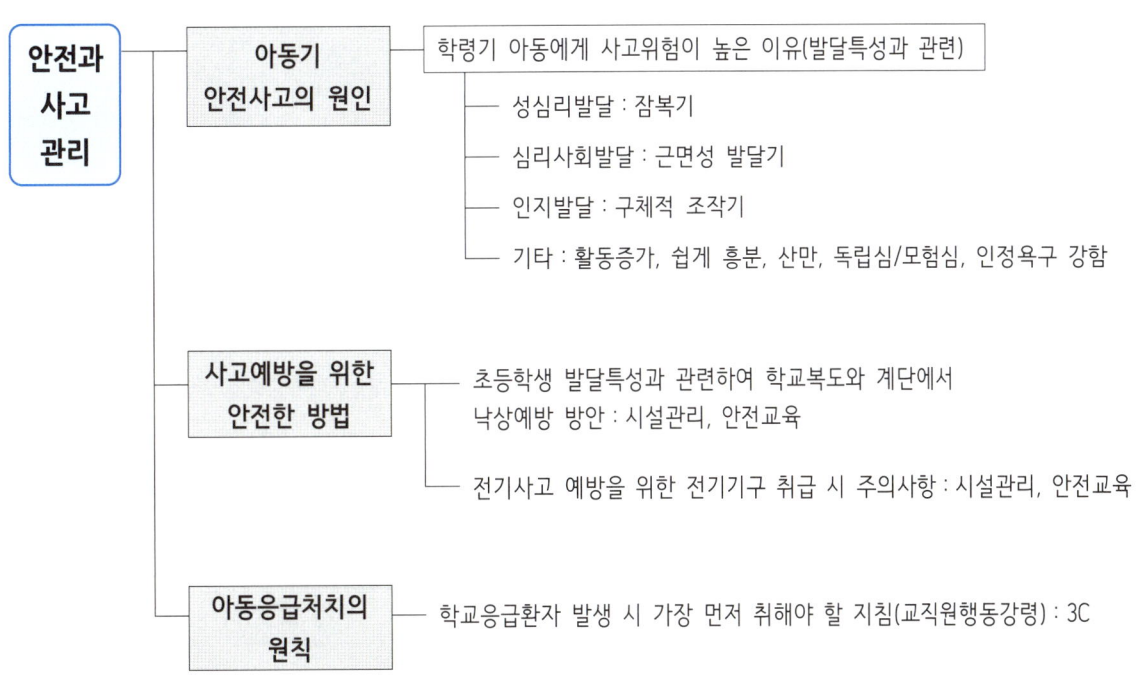

CHAPTER 03 소아질환의 간호

영역			기출영역 분석		
통증관리가 필요한 아동 사정, 진단 및 간호수행	통증이해		관문통제이론 2013		
		통증의 유형	체강성 동통의 특성 1994		
			수술 후 환상통을 가장 많이 호소하는 환자 1995		
	통증사정 도구		PQRST 통증사정 2013		
			Eland 색상 척도(Color Tool) 2012		
			CRIES 통증 척도(CRIES Pain Scale) 2012		
			포커칩 척도(Poker Chip Tool) 2012		
			소아청소년 통증 척도(Adolescent Pediatric Pain Tool, APPT) 2012		
	통증관리		기초적 통증관리		
			비약물적 관리		
		약물적 관리	마약성 진통제		
			아세트아미노펜 2021		
			NSAIDs	diclofenac의 작용기전과 이와 관련된 주요 부작용 2013	
				Ibuprofen의 약리 작용과 식후 30분에 복용하도록 한 이유 2017	
				비선택적 COX 억제제와 비교 시, 선택적 COX-2 억제제 장점(위장관계 관련) 2021	
	두통	일차성 두통	긴장성 두통, 열성 두통, 편두통 1992		
		이차성 두통	고혈압성 두통의 특성 - 부위, 호발시기 등 1992		
		두통 발생 시 보건교사가 제공할 수 있는 간호중재 5가지 2005			
	복통	복통의 신체사정 방법	5가지 방법에 따른 구체적인 내용 2000		
			대상자 자세, 검진순서, 촉진순서, 타진방향 2009		
		복통완화를 위한 간호중재 6가지 2000			
		만성재발성 복통의 특성 1996			
	요통	요통예방법 2022			
	성장통	특성 - 움직이면 통증 사라짐 1996			
소아질환 개론	아동간호의 발전	성인의 질병과 아동의 질병을 구분하여 치료하도록 권장한 사람 - 셀서스 1994			
		영아 후기 사망의 주원인 - 감염증, 사고 1992			

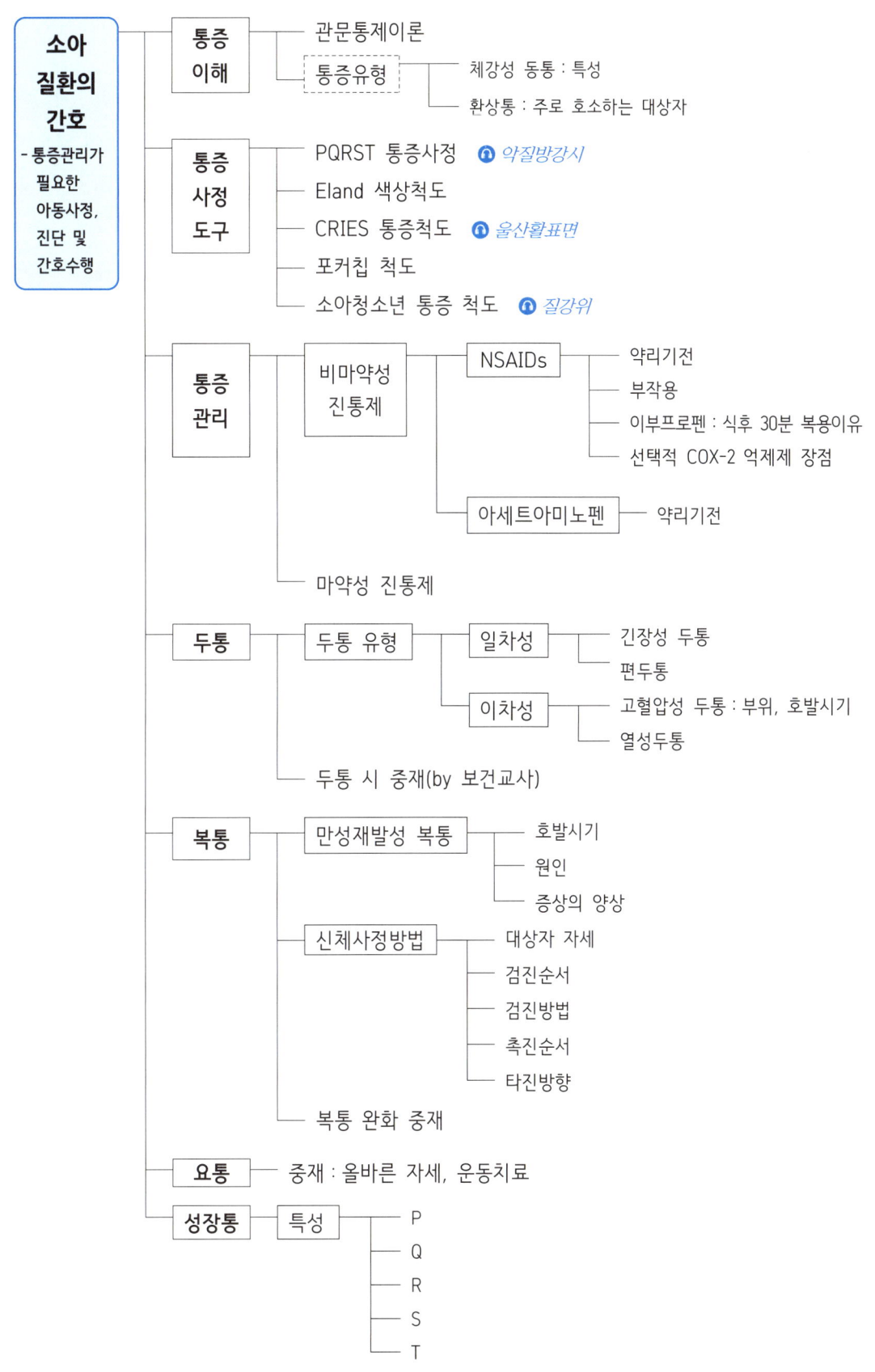

1 개념 정리 학습

01 통증은 제 5번째 활력징후로, 실제적이거나 잠재적인 조직 손상과 관련된 불쾌한 감각적 정서적 경험이다. (①)는 통증을 느끼게 하는 최소한의 자극(통증의 시작점)이고, (②)은 통증완화를 위한 중재 없이 통증을 견디는 수준(참을 수 있는 최대통증수준)이다.

02 관문통제이론에서 통증자극은 전달을 허용하거나 방해하는 (①)의 (②)에서의 관문기전에 의해 조절될 수 있다고 설명한다. 관문요인은 빠르게 혹은 느리게 전도하는 (③) 위로 전달되는 자극의 효과(상행전도조절)와 (④)과 (⑤)로부터 하행하는 자극의 효과(하행전도조절)를 포함한다.

03 관문통제이론에 근거한 상행통증조절법은 마사지나 경피적전기신경자극(TENS)으로 생성되는 것과 같은 (①)의 증가된 활동성이, (②)에 의해 (③)의 (④) 세포로 운반되는 통증메시지를 감소시킬 수 있다.

04 체성통증은 (①) 통증과 (②)통증으로 분류할 수 있다. (①) 통증은 피부나 피하조직에서 오는 통증으로 보통 날카로운 감각이 특성이다. (②)통증은 근육, 관절, 인대, 건, 심부 근막, 혈관, 신경 등에서 발생하는 통증으로 둔하고 한계가 분명치 않다. (②)통증에서 복벽의 긴장과 복부 압통이 증가된다.

05 (①)은 절단된 신체부위가 마치 여전히 남아있는 것 같은 비정상적인 감각이나 느낌으로 말초신경계나 중추신경계 손상으로 (②)가 절단되었으나 절단부위 상부로 계속 자극을 보내서 생기는 통증이다.

06 통증사정 시 포함해야 할 5가지 항목은 (①), (②), (③), (④), (⑤)이다.

07 통증사정 도구 중 포커칩 척도는 (①)개의 (②)색 포커칩을 아동의 정면에 수평으로 배열하여 사용하는 것으로 통증 정도에 따라 포커칩을 선택하도록 한다. (③)세 아동에게 사용한다.

08 통증사정도구 중 Eland 색상척도는 (①)을 가지고 신체윤곽을 사용하여 자신만의 척도를 만들도록 하는 것으로 색맹이 아니고 색깔을 아는 (②)세 아동에게 사용할 수 있다.

09 소아청소년통증척도(Adolescent and Pediatric Pain Tool, APPT)는 아동과 청소년을 위한 (①), (②), (③)의 3가지 통증차원을 사정하는 다차원적 통증도구로 (④)세에 적용한다.

10 CRIES 통증척도는 영아의 반응을 직접 관찰하여 (①), (②), (③), (④), (⑤)을 관찰하여 0~2점을 준다. 0점은 (⑥)이고, 10점은 (⑦)이다.

11 통증조절방법 중 마사지의 기전은 피부의 (①)를 자극하여 척수의 (②)을 닫게 하여 근육(③), (④) 작용을 한다.

12 통증조절방법 중 열요법 기전은 1) 손상부위의 혈액순환 촉진을 촉진하여 (①), (②), (③) 등 염증산물을 제거하여 통증 감소시킨다. 2) 피부의 (④)를 자극하여 척수의 (⑤)을 닫게 함으로써 근육(⑥), 긴장과 불안을 완화하여 통증을 감소시킨다.

13 통증조절방법 중 냉요법의 기전은 1) (①) 속도를 느리게 하여 대뇌에 도달하는 통증 자극량 줄인다. 2) 냉각이 (②)적으로 우세하여 통증을 낮춘다. 3) 피부의 (③)를 자극하여 척수의 (④)을 닫게 한다.

14 마약성 진통제는 중추신경계에 있는 (①)와 결합하여 (②), (③) 등 흥분성 신경전달물질의 방출억제로 통증에 대한 (④)을 감소시킨다.

15 아세트아미노펜은 손상으로 인해 염증산물인 (①)이 증가되면 이 물질이 (②)의 체온조절중추를 자극하여 체온이 상승한다. 중추신경계에서 (①)을 억제하여 진통효과를 나타내고 체온조절중추에 직접 작용하여 해열작용을 나타내지만 말초손상조직에서 (①)의 억제효과가 낮아서 (③) 효과는 거의 없다.

16 비스테로이드성 진통제는 항염작용, 해열작용, 진통작용을 한다. 1) 항염작용은 (①)를 억제하고 (②) 합성을 막음으로써 염증증상(발열, 발적, 부종, 통증)을 조절한다. 2) 해열작용으로 열은 (②)의 작용에 의해 (③) 전방의 체온조절 중추의 set-point가 상승하여 발생한다. 따라서 (②)의 합성과 유리를 방해하여 온도조절장치를 정상으로 조정하고 발한을 통해 체온을 낮추게 된다. 3) 진통작용은 통증에서 (②)은 염증반응에서 유리되는 (④), (⑤), 화학적 매개인자들의 작용에 대해 신경말단을 감작시키는 역할을 한다.

17 COX 억제제와 COX-2 억제제 비교 시 위장 관계 관련 장점은 (①)은 점막과 (②)으로 이루어진 위점막벽을 유지하는 데 필수인자로 위점막벽에서 섭취된 물질에서 생기는 자극으로부터 위점막을 보호하는 기능을 한다. COX-2를 차단하는 선택적 NSAIDs는 위점막벽을 유지하는 (①)은 차단하지 않으므로 위점막 문제는 잘 발생하지 않는다.

18 긴장성 두통은 두통의 가장 흔한 형태로 (①)에 의해 변화된다. 두피근육과 목근육이 오랫동안 (②)되고, 긴장과 경련으로 혈관이 눌리면서 혈관(③)이 발생하여 두통이 발생된다.

19 편두통은 (①)과 관련되어 주기적으로 나타나는 심한 두통으로 (②), (③), (④) 등 화학적 물질의 변화로 발생된다. 전조기에는 (⑤)이 증가하여 혈관이 수축하고, 발작기에는 (⑥)가 증가하여 (⑦)이 감소하고, 염증기에는 신경말단에서 염증산물을 분비한다.

20 만성재발성복통은 (①)개월에 (②)회 이상 반복적으로 발생하며 일상생활에 지장을 초래하는 정도의 복통으로 (③)세 사이 소아에서 많이 나타나며, 사춘기에 흔히 볼 수 있다. 주된 원인은 (④)이다.

21 복부신체검진은 문진 – 시진 – (①) – (②) – (③) 순으로 진행한다. 청진음은 복부장기, 동·정맥, 근육활동, 그리고 복벽의 마찰에 의하여 나타나는 소리를 듣는 것이다. 청진은 (④)부터 시계방향으로 진행한다. 타진은 복부 내에 존재하는 기관의 크기와 위치를 측정하고 가스와 액체가 과다하게 축적되었는지를 발견하기 위해 사용하고, 이 방법을 사용할 때는 타진하는 주위에 있는 기관들을 염두에 두면서 복부의 모든 부분을 (⑤)부터 시계방향으로 타진한다.

22 요통을 예방하기 위해서는 자세를 자주 바꿔서 같은 자세를 오래 유지하지 않게 해야 하며, 근육군이 강할수록 더 안전하게 많은 일을 할 수 있으므로 물건을 옮길 때는 허리는 (①), 무릎은 (②) 상태에서 (③)을 이용해야 한다.

23 성장통은 (①)성장이 (②)성장보다 더 빠른 것이 원인으로 작용하는 일종의 근육통으로 1) (③)의 골격의 길이성장이 빨라 뼈를 싸고 있는 (④)이 늘어나 주위 (⑤)을 자극하여 발생되고, 2) (⑥)작용이 끝나지 않은 골격이 압력에 저항하거나 근육을 끌어당기는 능력이 약해서 발생된다.

24 성장통 발생부위는 주로 (①) 부위의 심부통증, (②)의 심부 근육층, (③), (④) 등 국소부위에 발생된다.

01 ① 통증역치, ② 통증내성
02 ① 척수후각, ② 아교질, ③ 신경섬유, ④ 뇌간, ⑤ 피질
03 ① 큰 비침해수용성 원발성 구심신경원(A-베타), ② 작은 침해수용성 구심신경원(A-델타와 C), ③ 척수후각, ④ 아교질
04 ① 표재성, ② 심부
05 ① 환상통, ② 구심로
06 ① 악화요인/완화요인(Provoke/Palliative), ② 질(Quality), ③ 방사통 또는 위치(Radiation/Region), ④ 통증강도(Severity), ⑤ 시기(Timing)
07 ① 4, ② 빨간, ③ 4~12
08 ① 크레용, ② 4
09 ① 통증의 위치, ② 강도, ③ 질, ④ 8~17
10 ① 울음, ② 산소포화요구도, ③ 활력징후 상승(안정 상태와 비교), ④ 표현(얼굴 찡그림이나 투덜거림 등), ⑤ 불면(자주 깨거나 계속 깨어 있는 등), ⑥ 통증이 없는 상태, ⑦ 가장 심한 통증상태
11 ① 대섬유, ② 통증관문, ③ 이완, ④ 진정
12 ① 히스타민, ② 브라디키닌, ③ 프로스타글란딘, ④ 대섬유, ⑤ 통증관문, ⑥ 이완
13 ① 신경전달, ② 지각, ③ 대섬유, ④ 통증관문
14 ① 아편수용기, ② Substance P, ③ glutamate, ④ 지각
15 ① 프로스타글란딘, ② 시상하부, ③ 항염증
16 ① 고리산소화효소(COX), ② 프로스타글란딘, ③ 시상하부, ④ 브라디키닌, ⑤ 히스타민
17 ① 프로스타글란딘, ② 중탄산염
18 ① 스트레스, ② 수축, ③ 허혈
19 ① 뇌혈관경련, ② 노르에피네프린, ③ 세로토닌, ④ 브라디키닌, ⑤ 세로토닌, ⑥ MAO, ⑦ 세로토닌
20 ① 3, ② 3, ③ 4~16, ④ 정신사회적 스트레스
21 ① 청진, ② 타진, ③ 촉진, ④ 우하복부, ⑤ 우상복부
22 ① 곧게 펴고, ② 굽힌, ③ 대퇴근육
23 ① 골, ② 근육, ③ 장골, ④ 골막, ⑤ 신경, ⑥ 광화
24 ① 고관절, ② 대퇴부, ③ 슬관절, ④ 하퇴부

2 개념 인출 학습

01 통증역치와 통증 내성의 개념을 설명하시오.

02 손상된 조직에서 유리되어 통증을 일으키는 bradykinin, prostaglandin, histamine, substance P 물질의 통증발생 작용을 순서대로 설명하시오.

03 체성통증 중 심부통증의 특성을 제시하시오.

04 열요법의 생리적 효과를 5가지만 답하시오.

05 냉요법의 생리적 효과를 4가지만 답하시오.

06 마약성 진통제를 투여하던 중에 부작용으로 호흡억제가 발생된 경우에 적용할 수 있는 간호중재를 답하시오.

07 비아편성 진통제 중 비스테로이드성 약물의 부작용을 제시하시오.

08 편두통의 진단기준을 답하시오.

09 고혈압성 두통의 발생기전과 증상을 제시하시오.

10 한달에 2~3회 편두통 발생 시 예방적 치료를 위해서 propranolol(베타차단제), amitriptyline(삼환계항우울제)를 투여할 수 있다. 두 약물의 작용기전을 각각 제시하시오.

11 성장통이 하루 중 어느 때 호발하는지 설명하시오.

12 성장통의 양상을 PQRST로 구분하여 설명하시오.

CHAPTER 04 아동학대

영역	기출영역 분석
아동학대의 현황	
아동학대의 유형과 원인	아동학대의 유형 2014, 2020, 아동방임 의미 2025
아동학대의 징후와 후유증	유아의 신체적 학대에 의한 멍이나 상처의 가능성이 낮은 신체부위 2012
	초등학생 아동의 신체적 학대 시 나타나는 신체적 징후 2005
아동학대 예방법	초등학생 대상 성 학대 예방교육 내용 2010
학대아동 간호수행	신체적 학대가 의심되는 아동 발견 시 보건교사가 취해야 할 조치 2005
	학대아동 발견 시 보건교사가 실시할 수 있는 사정, 응급조치, 중재방안 2009, 학대아동 발견 시 보건교사가 가장 우선적으로 취해야 할 조치 2009
	아동학대범죄의 처벌 등에 관한 특례법에 제시된 아동학대 피해아동에게 응급으로 진행되는 조치 2025
	아동학대의 신고 2014, 아동학대신고의무자 2025

마인드-맵을 활용한 학습요점 정리

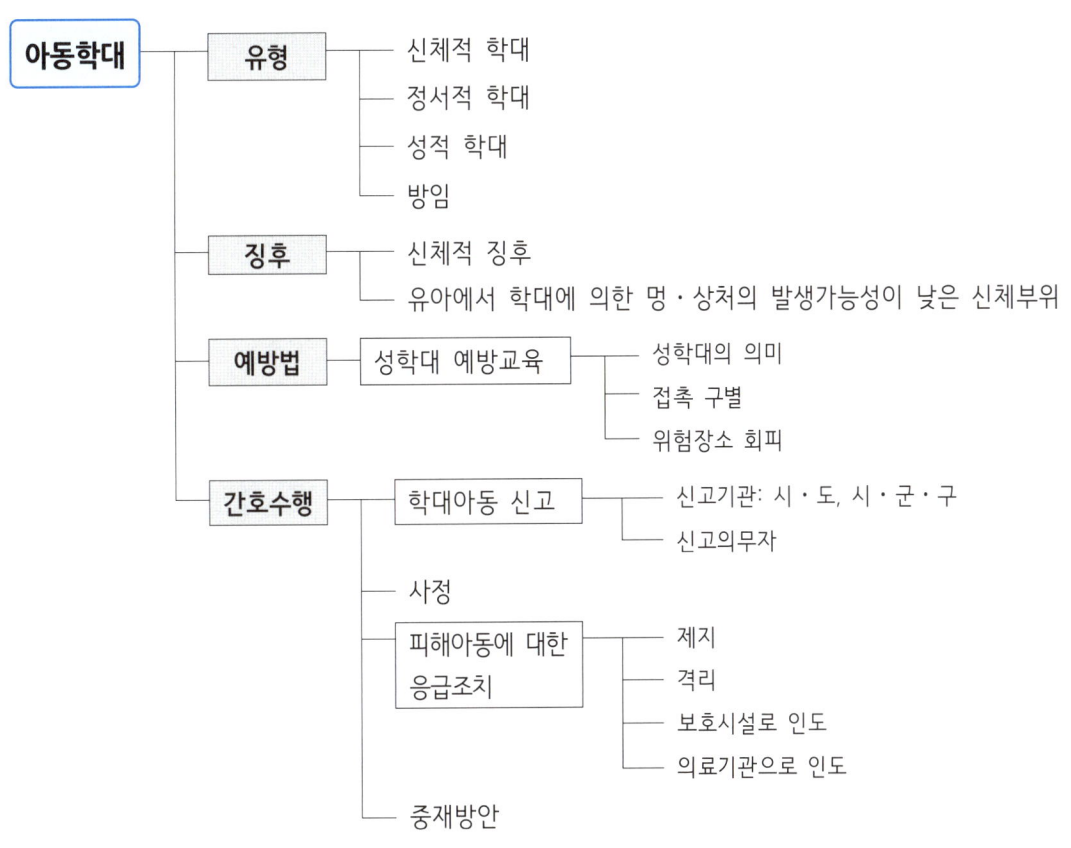

1 개념 정리 학습

01 아동복지법에 제시된 아동학대는 (①)를 포함한 성인이 아동의 (②) 또는 (③)를 해치거나 정상적 (④)을 저해할 수 있는 (⑤)적·(⑥)적·(⑦)적 폭력이나 (⑧)행위를 하는 것과 아동의 (①)가 아동을 (⑨)하거나 (⑩)하는 것이다.

02 아동의 신체적 학대는 (①)를 포함한 성인이 아동의 (②) 또는 (③)를 해치거나 정상적 (④)을 저해할 수 있는 신체적 폭력이나 (⑤)행위를 하는 것(아동복지법 제3조 제7호)으로, 아동의 신체에 손상을 주거나 신체의 (⑥) 및 (⑦)을 해치는 학대행위(「아동복지법」 제17조 제3호)이다.

03 아동의 정서적 학대는 (①)를 포함한 성인이 아동의 (②) 또는 (③)를 해치거나 정상적 (④)을 저해할 수 있는 정신적 폭력이나 (⑤)행위를 하는 것(「아동복지법」 제3조 제7호)으로 아동의 정신건강 및 (⑥)에 해를 끼치는 학대(「아동복지법」 제17조 제5호)이다.

04 아동의 성적학대는 (①)를 포함한 성인이 아동의 (②) 또는 (③)를 해치거나 정상적 (④)을 저해할 수 있는 성적 폭력이나 (⑤)행위를 하는 것(「아동복지법」 제3조 제7호)으로 아동에게 (⑥)를 시키거나 이를 매개하는 행위 또는 아동에게 성적 (⑦)을 주는 (⑧) 등의 학대행위(「아동복지법」 제17조 제2호)이다.

05 아동학대 중 방임은 아동의 (①)가 (②)하거나 (③)하는 것(「아동복지법」 제3조 제7호)으로 자신의 (④)·(⑤)을 받는 아동을 (⑥)하거나 의식주를 포함한 (⑦)·(⑧)·치료 및 (⑨)을 소홀히 하는 행위이다.

06 누구든지 아동학대범죄를 알게 된 경우나 그 (①)이 있는 경우에는 특별시·광역시·특별자치시·도·특별자치도(이하 "시·도"라 한다), 시·군·구(자치구를 말한다. 이하 같다) 또는 (②)에 신고할 수 있다(「아동학대범죄의 처벌 등에 관한 특례법」 제10조 제1항).

---

01 ① 보호자, ② 건강, ③ 복지, ④ 발달, ⑤ 신체, ⑥ 정신, ⑦ 성, ⑧ 가혹, ⑨ 유기, ⑩ 방임
02 ① 보호자, ② 건강, ③ 복지, ④ 발달, ⑤ 가혹, ⑥ 건강, ⑦ 발달
03 ① 보호자, ② 건강, ③ 복지, ④ 발달, ⑤ 가혹, ⑥ 발달
04 ① 보호자, ② 건강, ③ 복지, ④ 발달, ⑤ 가혹, ⑥ 음란한 행위, ⑦ 수치심, ⑧ 성희롱
05 ① 보호자, ② 유기, ③ 방임, ④ 보호, ⑤ 감독, ⑥ 유기, ⑦ 기본적 보호, ⑧ 양육, ⑨ 교육
06 ① 의심, ② 수사기관

2 개념 인출 학습

01 아동학대 유형 중 정서적 학대의 구체적인 예를 5가지만 제시하시오.

02 아동학대의 1차 예방을 위한 프로그램의 내용을 제시하시오.

03 「아동학대범죄의 처벌 등에 관한 특례법」에 제시된 아동학대의 신고기관을 답하시오.

04 「아동학대범죄의 처벌 등에 관한 특례법」에 제시된 아동학대의 신고의무자를 제시하시오.

05 「아동복지법 시행령」에 제시된 아동학대 신고의무자에 대한 교육에 포함해야 하는 내용을 답하시오.

임수진
보건임용

PART 04

응급간호학

CHAPTER 01 응급처치 기본원리

CHAPTER 02 심폐소생술(CPR)

CHAPTER 03 폐색과 쇼크

CHAPTER 04 내과적 응급처치

CHAPTER 05 외과적 응급처치

CHAPTER 01 응급처치 기본원리

영역	기출영역 분석
응급간호의 개념	응급의료에 관련 법률에 근거한 정의
응급환자 사정	응급환자의 동공 사정에서 양안 동공이 모두 확대된 원인 1994
	중독 시 동공확대 증상을 일으키는 약물 1992
	GCS의 점수 의미 2015
응급환자의 분류 및 긴급이송	응급환자 분류 — 응급처치의 일반원칙에서 제일 우선 치료해야 할 손상 1994
	대량의 응급환자 발생 시 중증 분류의 1순위로 응급처치를 받아야 하는 대상 2009
	START 알고리즘 - 환자중증도 분류 / 첫 번째로 확인(사정)해야 할 대상자 상태 2016
	응급 시 환자 후송 방법
	학교 응급환자 발생 시 가장 먼저 취해야 할 지침 : 교직원 행동강령 2011

마인드-맵을 활용한 학습요점 정리

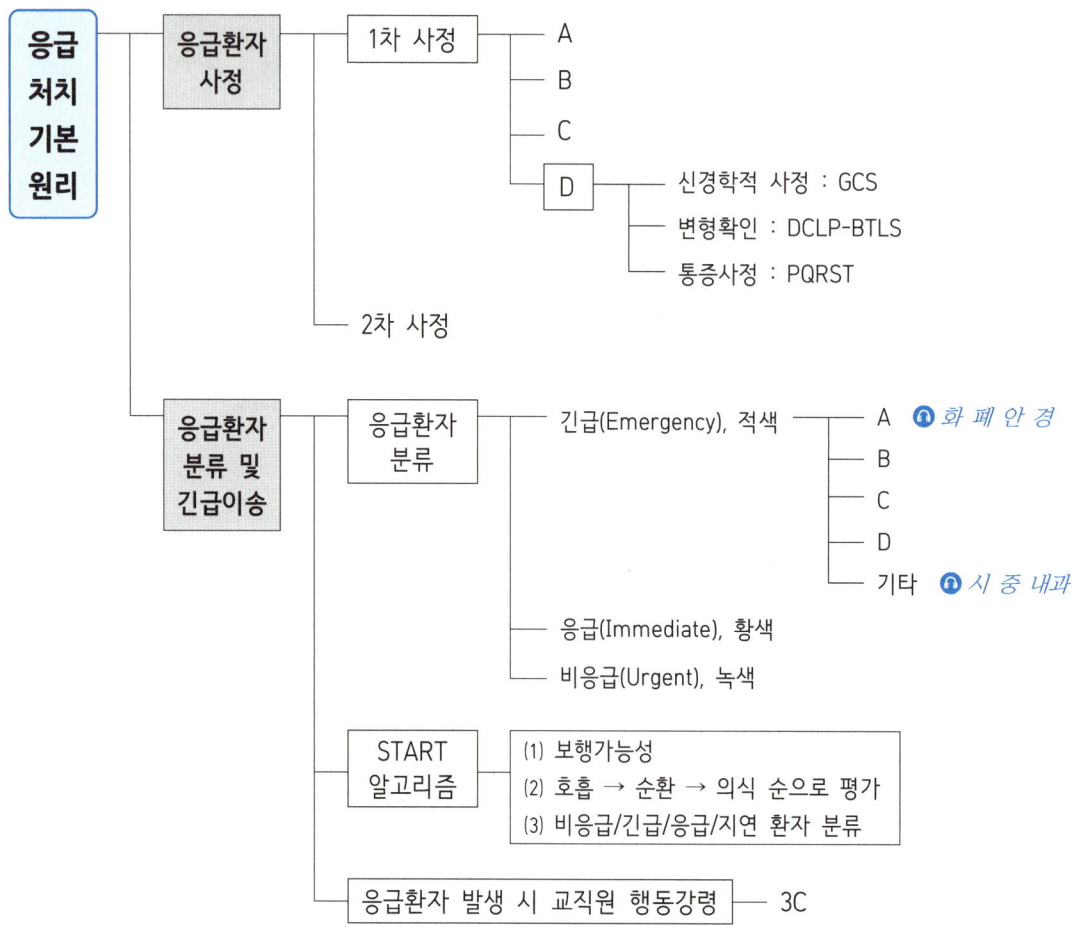

1 개념 정리 학습

01 응급의료에 관한 법률에 제시된 응급환자란 (①), (②), 각종 사고 및 재해로 인한 부상이나 그 밖의 위급한 상태로 인하여 즉시 필요한 응급처치를 받지 아니하면 (③)을 보존할 수 없거나 심신에 중대한 (④)가 발생할 가능성이 있는 환자 또는 이에 준하는 사람으로서 보건복지부령으로 정하는 사람을 말한다. "응급처치"란 응급의료행위의 하나로서 응급환자의 (⑤)를 확보하고 (⑥)의 회복, 그 밖에 생명의 위험이나 증상의 현저한 (⑦)를 방지하기 위하여 긴급히 필요로 하는 처치를 말한다.

02 응급환자의 의식수준(LOC, Level of consciousness)은 명료, (①), (②), (③), (④)이다. 명료는 정상적인 의식상태이고, (①)은 졸음이 오는 상태로 자극에 대한 반응이 느려진 상태이다. (②)는 강한 자극이나 큰소리, 밝은 광선에 의식을 회복하는 것이고, (③)는 표재성 반응 외에 자발적 근육운동이 거의 없는 상태이고, (④)는 완전히 의식이 없고 자발적 근육운동이 거의 없는 상태이다.

03 응급환자의 동공사정은 동공 크기, 동등성, 빛에 대한 반사 및 조절을 사정하는 것으로 양안이 대칭적이고 (①), 빛을 비추면 축동되는 (②)를 보이며 크기는 (③)mm가 정상 반응이다.

04 응급환자 분류 시 기도(①), 기도(②), 호흡곤란이나 청색증을 동반한 (③), (④) 기흉, 개방성 흉부손상 등은 긴급, 적색 수준으로 생명을 위협하는 응급상태이다. (⑤)가 없으면 사망가능성이 있다.

05 START(Simple Triage and Rapid Treatment) 알고리즘은 (①) 사고 발생 시 초기 대응자들이 수집한 객관적인 생리학적 자료와 관찰에 의한 자료로 (②)를 결정하는 것이다. 분류평가는 (③) 이내에 시행한다.

---

01 ① 질병, ② 분만, ③ 생명, ④ 위해(危害), ⑤ 기도, ⑥ 심장박동, ⑦ 악화
02 ① 기면, ② 혼미, ③ 반혼수, ④ 혼수
03 ① 동글며, ② 대광반사, ③ 2~4
04 ① 폐색, ② 화상, ③ 흉통, ④ 긴장성, ⑤ 즉각적인 중재
05 ① 집단부상자, ② 우선순위, ③ 60초

2 개념 인출 학습

01 응급환자의 1차 사정 시 변형이 있을 경우에는 고정하고 DCAP-BTLS 검사를 실시해야 한다. 항목을 답하시오.

02 신경학적 사정도구 중 GCS의 검사항목을 답하고, 결과 판정 시 혼수로 판정하는 점수를 답하시오.

03 START(Simple Triage and Rapid Treatment) 알고리즘에서 분류 시 평가하는 항목을 답하고, 환자의 4가지 분류도 함께 제시하시오.

04 응급상황 발생 시 대응단계와 행동지침 3C를 제시하시오.

CHAPTER 02 심폐소생술(CPR)

영역		기출영역 분석
개요		심폐소생술 적용 대상 1994
	무의식 환자	치료의 우선순위 1996
		측위를 취해주어야 할 이유 2020, 입이 벌어진 상태에서 침을 흘리고 있으며 반사가 있는 상태에서 취해주어야 하는 체위 2025
기본 심폐소생술	진행 순서	순서 1997, 1999 지방, 2009, 2010, 2017, 2020
	맥박확인	영아에서 맥박 촉지 부위와 그 이유 2020
	흉부압박	속도 1994
		호흡과 흉부 압박 비율 1994, 2023
		응급 처치자가 2인인 경우 흉부압박과 호흡보조 비율 1994
		가슴압박 : 알아야 할 사항 1997, 영아에서 1인 구조자와 2인 구조자일 때 가슴압박 부위와 방법 2020
		발생 가능한 합병증 2006
	기도유지	경추손상 의심 시 기도유지방법 2022
	심장충격기	심장충격기 시행단계 2024	심장충격기 버튼 누르는 시기 2010, 전원 켠 후 수행해야 할 다음 단계 2023
		주의사항	심장충격기 버튼 누를 때 확인해야 할 사항 2017
		제세동 여부 결정 위한 분석	자동제세동기 사용 시, 제세동 여부를 결정하기 위한 분석 2021
	신생아소생술	

마이-맵을 활용한 학습요점 정리

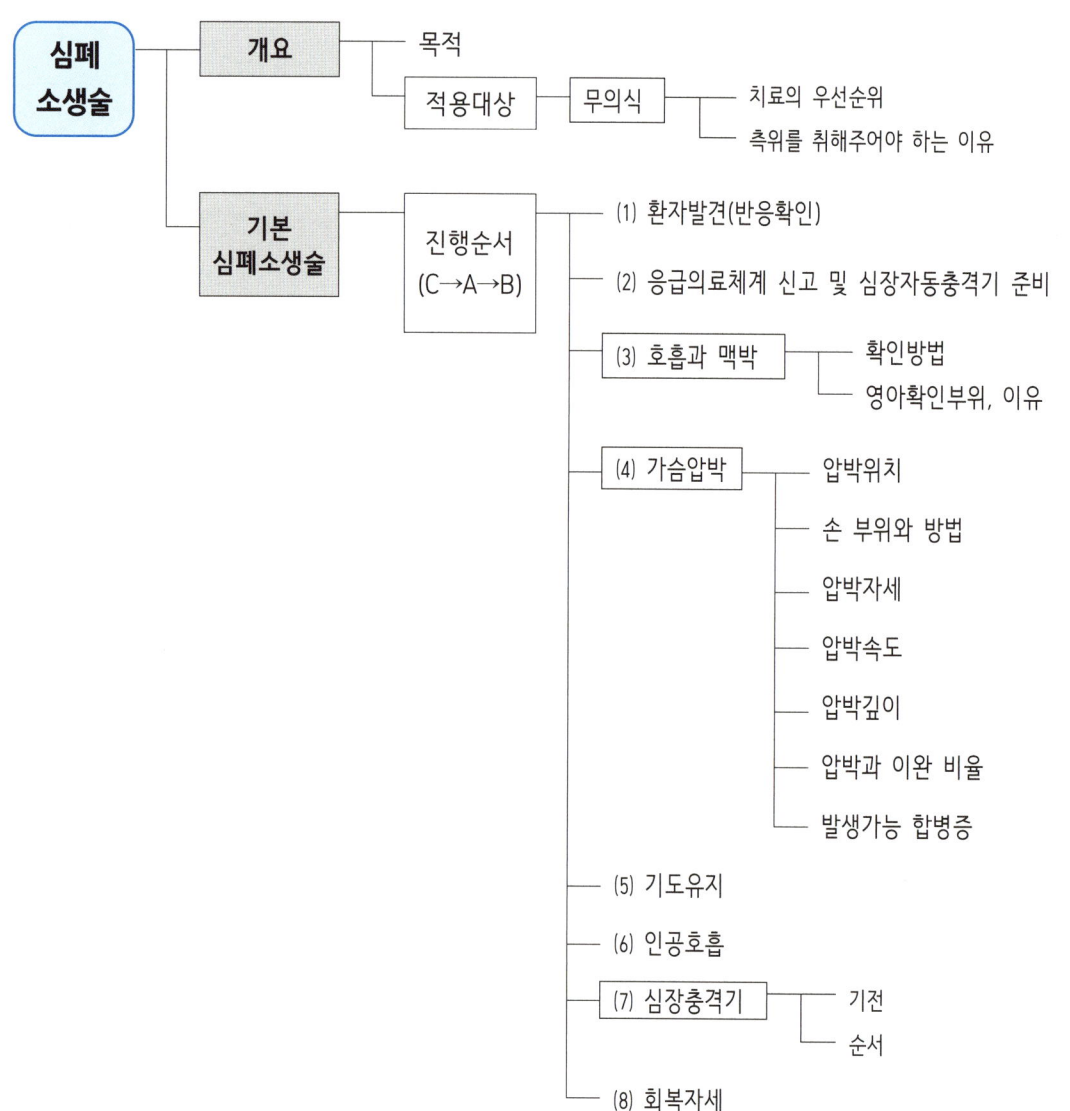

1 개념 정리 학습

01 병원 밖 심장정지 생존사슬은 1) (①) 인지·구조 요청, 2) 목격자 (②), 3) (③), 4) 전문소생술, 5) 소생 후 치료 순이다.

02 심폐소생술의 목적은 심폐정지에 따른 비가역적 뇌의 (①) 방지하는 것으로 1) 호흡과 심장박동이 정지된 환자에게 상태가 회복되거나 의료기관에 이송될 때까지 생명을 구하기 위해서 시행되는 응급시술로 정상 (②)의 40%를 유지할 수 있다. 2) 심정지 후 (③)간 지나면 뇌 조직에 불가역적인 손상을 주어 죽음에 이를 수 있으므로 따라서 CPR은 심정지 후 적어도 (④) 내에 실시해야 한다.

03 무의식환자는 측위를 취해주고, 옷을 느슨하게 해주고, 보온·안정을 취하게 해주어야 한다. 측위를 취해주어야 하는 이유는 1) (①)의 흡인 예방을 위함, 2) (②)에 의한 (③)을 예방하기 위함, 3) 심장에 대한 압박이 줄어서 (④)을 강화하고 (⑤)을 예방하기 위함이다.

04 심폐소생술 순서는 (①) – (②) – (③)의 순이다. 이는 심정지 초기에 가장 중요한 흉부압박까지의 시간 지연을 최소화하기 위함이다. 예외로 익수환자는 (④) – (⑤) – (⑥) 순으로 적용한다.

05 심폐소생술 시 가슴압박 부위는 성인과 소아는 (①)이고, 영아는 (②)이다.

06 영아 심폐소생술 시 1인 구조자가 실시할 경우에는 (①) 가슴압박법을 적용하고, 2인 구조자가 실시할 경우에는 (②) 가슴압박법을 적용한다.

07 심폐소생술 시 대상자별 가슴압박과 인공호흡의 비율은 1인 구조자일 때는 성인, 소아, 영아에서 모두 (①)로 실시하고, 2인 구조자일 경우에 성인은 (②), 소아와 영아는 (③)로 실시해야 한다.

08 두부나 척수에 손상이 없는 대상자의 경우에 기도유지방법은 (①)을 적용하고, 경추손상 의심이 있는 대상자의 경우에는 (②)를 적용한다.

09 자동심장충격기의 기전은 적절한 전압을 심장에 통과시켜 전기충격을 주는 순간, 심근 전체가 (①)된 후에 완전한 (②)에 빠트려서 가장 우세한 심장박동기인 (③)이 회복되게 하는 것이다.

10 자동심장충격기 적용순서는 1) 심장충격기 도착하면 바로 (①), 2) 두 개의 (②), 3) (③) 분석, 4) (④) 시행, 5) (⑤) 후 즉시 (⑥) 시작, 6) 반복 순이다.

11 심폐소생술 적용 시 환자가 (①)은 없으나 정상적인 (②)과 효과적인 (③)이 나타날 때는 회복자세를 취해준다. 이는 혀나 구토물로 인해 (④)가 막히는 것을 예방하고 (⑤)의 위험성을 줄이기 위한 방법이다.

01 ① 심장정지, ② 심폐소생술, ③ 제세동

02 ① 무산소증, ② 심박출량, ③ 4~6분, ④ 3~4분

03 ① 구강분비물, ② 혀, ③ 기도폐색, ④ 혈액순환, ⑤ 호흡기 합병증

04 ① 가슴압박(C), ② 기도유지(A), ③ 인공호흡(B), ④ A, ⑤ B, ⑥ C

05 ① 흉골(복장뼈) 아래쪽 1/2(양측 유두를 이은 가상선과 흉골이 만나는 지점),
   ② 젖꼭지 연결선 바로 아래의 흉골

06 ① 두손가락(검지와 중지), ② 두손(양손) 감싼 두엄지

07 ① 30 : 2, ② 30 : 2, ③ 15 : 2

08 ① 머리기울임-턱 들어올리기, ② 턱 밀어올리기

09 ① 탈분극, ② 불응기, ③ 동방결절

10 ① 전원 켜기, ② 패드 부착, ③ 심장리듬, ④ 제세동, ⑤ 제세동, ⑥ 심폐소생술

11 ① 반응, ② 호흡, ③ 순환, ④ 기도, ⑤ 흡인

2 개념 인출 학습

01 2020년 한국 심폐소생술 가이드라인에 근거하여 병원 밖 일반인 구조자 기본소생술 먼저 확인해야 할 2가지 사항을 답하시오.

02 2020년 한국 심폐소생술 가이드라인에 근거하여 병원 밖 의료종사자의 기본소생술 순서를 제시하시오.

03 심폐소생술 시 전문기도 확보 이전에 실시하는 구강 대 구강법의 실시방법을 설명하고, 전문기도 확보 이후에는 인공호흡을 어떻게 진행해야 하는지 설명하시오.

04 심폐소생술에서 가슴압박 시 발생할 수 있는 합병증을 제시하시오.

05 2020년 한국 심폐소생술 가이드라인에 근거하여 CPR을 유보해야 하는 예외 사항을 답하시오.

06 2020년 한국 심폐소생술 가이드라인에 근거하여 병원 밖 CPR 중단 사유를 답하시오.

07 신생아 소생술의 필요 여부를 구별하기 위한 질문 3가지를 제시하시오.

03 폐색과 쇼크

영역	기출영역 분석	
기도폐색	상기도 폐색 : 상기도 완전폐색 시 의식상실 전 증상 [2005]	
	불완전 폐색 시 응급처치 [2009]	
	하임리히법 순서 [2005]	
	임신 7개월 여성의 상부기도 폐색 시 처치 [2010]	
	영아 상부기도 폐색 시 등 두드리기 – 가슴누르기 처치방법 [2011]	
	식도 이물	
	귓속 이물 제거	
	부종에 의한 기도폐쇄	
쇼크	쇼크 환자의 일반적 응급관리방법 – 보온, 체위 등 [1995, 1999]	
	증상	출혈성 쇼크 증상 [1999]
		저혈량성 쇼크 초기 자율신경계의 보상작용으로 나타날 수 있는 심장반응 [2021]
	처치 [2009]	저혈량성 쇼크환자 처치, 하지를 약 20도 상승시키는 목적 [2021]
		심장성 쇼크환자 처치
		신경성 쇼크환자 처치
		과민성 쇼크환자 처치
		척수 쇼크환자 체위
	아나필락시스	응급 시 처치약물과 그 효과 [2011]
		원인, 병리기전, 사정내용, 처치(에피네프린) [2012]

마이-맵을 활용한 학습요점 정리

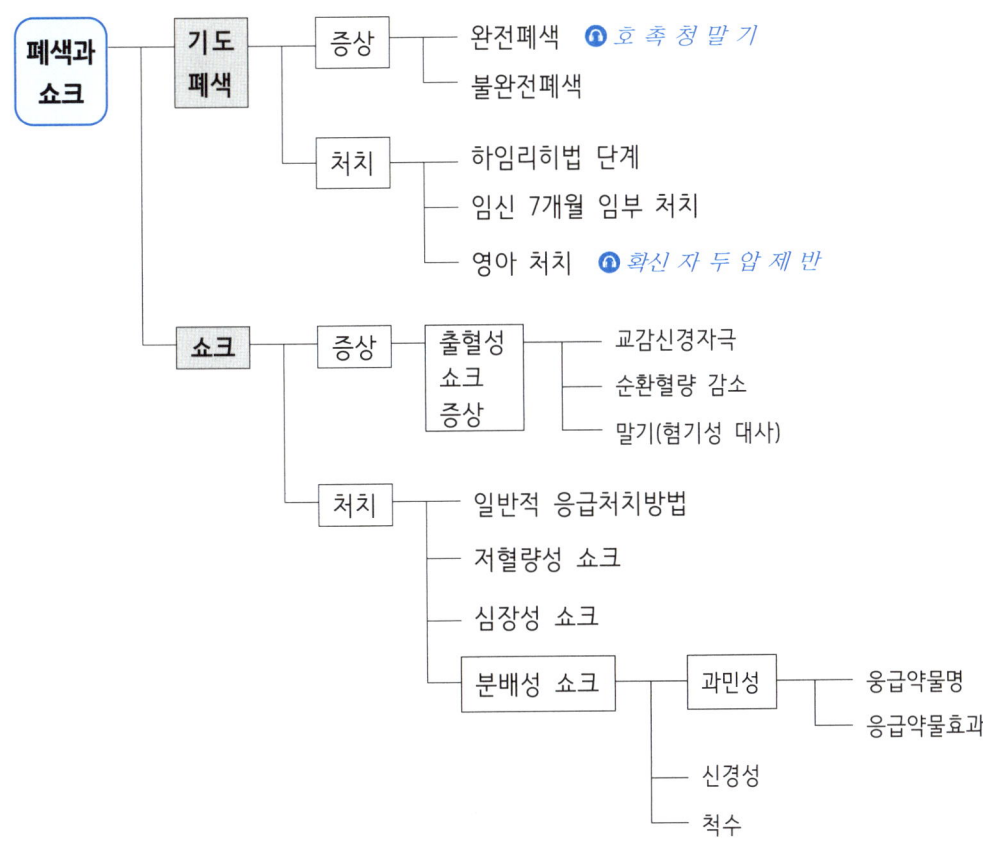

CHAPTER 03. 폐색과 쇼크

1 개념 정리 학습

01 상기도 폐색은 뇌의 (①)과 의식상실, (②)를 일으키므로 빠른 시간 내에 기도를 막고 있는 이물질을 제거해 주어 기도확보로 생명을 유지해야 한다.

02 완전기도폐색 시 증상은 1) (①), 2) (②)(손으로 목을 움켜쥐는 행위), 3) 얼굴 (③), 4) 언어불능, 5) 기침불능, 6) 안구돌출, 7) 보행못함, 8) 의식감소, 의식소실 등이다.

03 1세 미만, 혹은 2세라도 체중이 10kg 미만인 대상자의 기도폐색 시에는 1) 대상자의 반응 확인 및 119 신고, 2) 환아의 얼굴이 위로 향하도록 처치자의 팔 위에 올려놓고 손으로는 머리와 경부가 고정되도록 잡고 다른 팔을 이용하여 환아의 얼굴이 아래로 향하고, 머리는 몸통보다 (①) 상태로 뒤집어서 턱을 잡은 손이 환아를 떠받친 상태에서 처치자는 환아를 고정시킨 자신의 팔을 넓적다리 위에 두기, 3) 다른 쪽 손바닥의 (②) 으로 환아의 (③) 사이의 등을 5회 정도 연속해서 두드리기, 4) 등 두드리기를 한 다음 다시 환아의 머리를 몸통보다 (④) 자세에서 얼굴이 위를 향하도록 앞으로 돌려, (⑤) 바로 아래 위치를 (⑥)으로 빠르게 후방으로 5회 반복하여 압박, 5) 입안의 이물질이 확인되면 제거하기, 6) 이물질이 없으면 등 두드리기부터 반복한다.

04 영아는 기도폐색 시에 (①) 위험성 때문에 복부 밀쳐 올리기가 아닌 (②)을 시행한다.

05 임산부 또는 비만 등으로 복부가 나와 있어 하임리히법이 불가능한 경우에는 (①)을 적용한다.

06 쇼크는 전신순환이 부적당하여 (①)의 부적절, 세포의 (②), 세포의 신진대사 장애가 초래되는 상태로 세포에 노폐물이 축적되는 비정상적인 생리적 상태이다. 전신의 혈액순환에 급성 장애를 일으킨 상태이므로 쇼크 발생 (③) 이내에 교정되어야 한다.

07 저혈량성 쇼크는 혈액이나 (①)의 손실로 인해 (②)이 감소되고 인체 대사과정에 필요한 요구량에 비해 혈액량이 부족하여 발생한다.

08 저혈량성 쇼크의 증상으로는 교감신경자극으로 인해 1) 발한, 오심과 구토, 2) (①) 호흡으로 이산화탄소를 배출함으로써 저산소증이 개선되고, (②)이 완화됨, 3) (③) 맥박은 혈액손실에 대한 보상기전으로 심박동수 증가, 심근수축력 증가됨, 4) 중기와 말기에 (④)으로 청색증, 창백, 차고, 축축한 피부 상태가 나타난다.

09 저혈량성 쇼크 대상자는 변형된 트렌델렌버그(기본 쇼크자세) 또는 (①)를 취해준다. 이는 하지로부터 (②)의 심장귀환을 돕고 심장으로의 혈류량을 증가시켜 (③)을 증가시킬 수 있다.

10 저혈량성 쇼크 시 (①) 방지 위해 가벼운 담요로 덮어준다. 뜨거운 물주머니 등은 말초혈관이 이완되고 혈류가 정체되므로 쇼크 초기의 (②)을 위한 인체방어기전이 방해되고, 열로 인해서 대사작용이 촉진되므로 산소요구량이 증가되어 (③)이 커지므로 국소적 열제공은 금기이다.

11 아나필락틱 쇼크 시 가장 먼저 에피네프린을 투여해야 한다. (①) 주사가 정맥 투여보다 안전한다. 정맥투입 시 중증의 고혈압, 심실성 부정맥 등이 발생할 수 있기 때문이다. 에피네프린 자가주사기 사용 시에는 (②)에 수직방향으로 딸깍 소리가 날 때까지 세게 누른 후 (③)간 유지, 이후 주사기 떼고 주사부위를 (④)간 문지르게 한다. 작용은 기관지 평활근 (⑤), 심박동수와 심근수축력 (⑥), 말초혈관 수축으로 점막부종 완화 등이다.

12 쇼크의 징후 5P는 1) Perspiration(①), 2) Pulselessness(맥박촉지 안 됨), 3) Pallor(창백), 4) Pulmonary Insufficiency(②), 5) Prostration(③)이다.

---

01 ① 저산소증, ② 심폐정지
02 ① 무호흡 : 호흡정지, ② Chocking sign, ③ 청색증
03 ① 낮춘, ② 두툼한 부분(손꿈치), ③ 견갑골, ④ 낮춘, ⑤ 양쪽 젖꼭지를 이은 가상선과 흉골이 만나는 지점, ⑥ 두 손가락(검지와 중지)
04 ① 복부 외상(특히, 간 손상), ② 가슴압박
05 ① 흉부압박법(= 가슴압박법)
06 ① 세포확산, ② 저산소증, ③ 1시간
07 ① 체액, ② 동맥압
08 ① 빠르고 얕은, ② 산독증, ③ 빠르고 약한, ④ 혈관수축
09 ① 쇄석위, ② 정맥혈류, ③ 심박출량
10 ① 오한, ② 혈관수축, ③ 심부담
11 ① 근육 내, ② 대퇴 중간 바깥부위, ③ 10초, ④ 10초, ⑤ 확장, ⑥ 증가
12 ① 냉한, ② 폐기능 부전증, ③ 허탈

2 개념 인출 학습

01 불완전 기도폐색 시 증상을 제시하시오.

02 불완전 기도폐색 시 응급처치법을 제시하시오.

03 쇼크의 병태생리를 설명하시오.

04 아나필락틱 쇼크의 발생기전을 설명하시오.

05 쇼크환자에서 순환량 증진을 위해 제공해줄 수 있는 중재를 3가지 답하시오.

CHAPTER 04 내과적 응급처치

영역		기출영역 분석
실신 및 현기증	실신	실신 시 응급처치 2007
		뇌빈혈 시 응급처치 1996
	현기증	
저온 및 고온	한랭손상	동상 응급처치 1994
		저체온증 기준이 되는 체온(℃) 2024
	열손상	열성경련 원인 1993, 2012
		열성피로 처치 1994, 2004, 2012
		열사병 처치 1994, 2011, 2012
		일사병에서 의식장애가 발생하는 기전 2024
중독 등의 응급간호	중독 시 응급처치	부식성 소독제를 마셨을 경우 응급처치 2009
		살리실산염 중독 증상 1992, 아스피린 중독의 특징 1993
		흡인성 중독, 피부접촉 중독, 탄화수소 중독, 아세트아미노펜 중독 등

마이-맵을 활용한 학습요점 정리

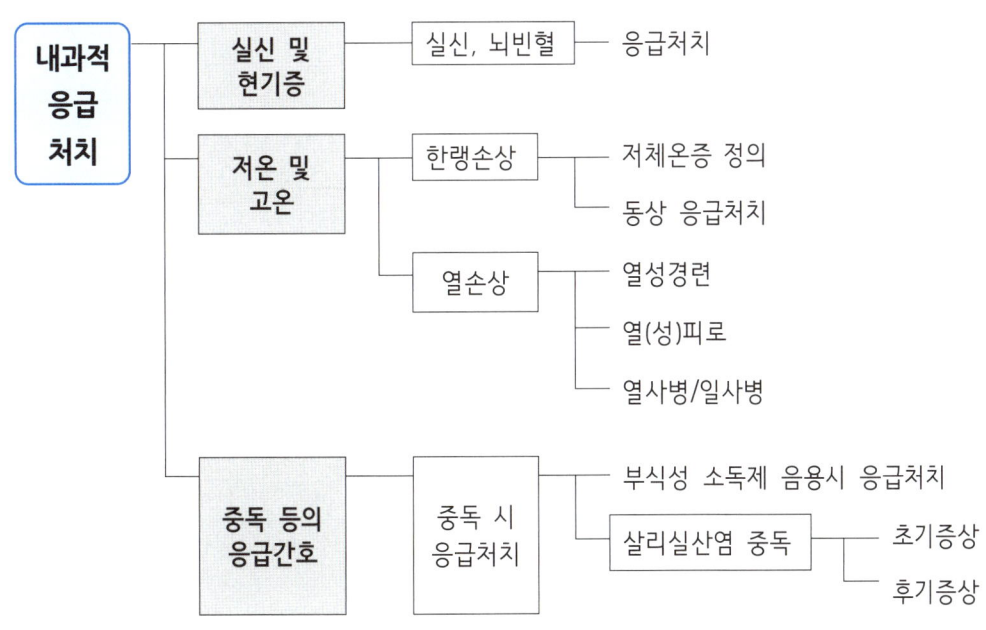

개념 정리 학습

01 실신은 뇌혈류가 기저치의 (①) 이하로 감소되어 발생된다. 보통 뇌혈류의 감소는 (②)의 감소 혹은 (③) 조절장애로 인한 혈관확장에 의해 또는 두 가지 요인이 동시에 작용하여 발생된다.

02 실신 시 순환증진을 위해 머리를 (①) 눕히고, 하지를 (②) 뇌혈류를 증가시켜 준다.

03 현기증은 신체평형을 맡은 전정기관[미로 → (①) → (②) → (③)에 이르는 기관]의 흥분 또는 탈락 상태이다. 실제로 신체의 공간에 있어서 (④)과의 차이에 의하여 느껴지는 (⑤)운동이다.

04 40℃ 정도의 미온수에 동상 부위를 (①)분 정도 지속적으로 부드러워질 때까지 담그고 조심스럽게 다루어야 한다. 뜨거운 물 적용이나 난로를 직접 쬐면 (②)을 촉진하므로 금기이고, (①)분 이상 소요하여 천천히 녹이거나 온기를 중간에 단절하면 (②)이 증가되므로 금기이다.

05 열성경련은 열 노출에 의한 손상 중 가장 경미한 상태로 심한 발한으로 (①)로 발생되며, 팔, 다리, 복부 등의 (②)이 일어난다.

06 열성피로는 오랜 고온 환경 노출로 인한 (①)로 발생된다. 피부혈관의 확장과 탈수로 말초혈관의 (②)와 심박출량 (③)으로 인한 순환성 쇼크가 일어난 상태이다.

07 열사병은 신체의 (①) 마비로 체온상승, 뇌혈류 (②), 세포(③)이 발생된다.

---

01 ① 30~50%, ② 심박출량, ③ 자율신경계
02 ① 낮추어서, ② 20~30cm 정도 높여주어
03 ① 전정신경, ② 전정핵, ③ 소뇌, ④ 위치감각, ⑤ 가성
04 ① 20~30, ② 세포손상
05 ① 수분과 나트륨 과다 소실, ② 근육 강직
06 ① 수분과 나트륨 과다 소실, ② 운동신경 조절장애, ③ 부족
07 ① 열 조절 기전, ② 감소, ③ 손상

2 개념 인출 학습

01 동상의 정의를 답하시오.

02 저체온증의 정의를 제시하시오.

03 실조(ataxia)의 개념을 설명하시오.

04 체온조절중추를 답하시오.

05 발열단계를 제시하시오.

05 외과적 응급처치

영역		기출영역 분석		
화상	화상환자 사정	9의 법칙 계산 1995, 2013		
		즉시 의료기관에 의뢰하여야 할 경우 1998		
	화상환자 처치	심도별 화상 처치	1도/2도 화상 처치법 1992, 1996	
			2도/3도 화상 응급처치 1993	
		화상간호 목표 1992		
		화상 처치 시 찬물에 담글 때 그 효과 1994		
		응급기 처치	수액보충방법(Parkland 방법) 2013	
		원인별 처치	뜨거울 물로 인한 화상 처치 2009	
	화상환자 합병증으로 발생할 수 있는 궤양 1993			
	5세 이하 어린이가 50% 범위의 화상을 입었을 때 생존율 1993			
외상	상처	찰과상/자상/열상/타박상 정의 1996		
		상처치유 4단계 - 염증단계, 재건단계 2015		
		상처의 치유과정에서 사정해야 할 요소 / 치유과정 중 나타날 수 있는 합병증 2001		
		보호장구 없이 자전거 타다가 찰과상을 입은 환아의 간호진단과 진단별 간호계획 2012		
		하이드로콜로이드 드레싱의 거즈드레싱과 비교 시 장점 2015		
		개방창 처치 1992		
		붕대법		
		손가락 절단 시 처치 2011		
출혈	동맥출혈	동맥출혈 시 증상 및 처치 2013		
	외출혈	개방성 창상으로 인한 외출혈 시 국소적 처치법 1998		
	비출혈	비출혈 호발부위 1992, 비출혈 응급처치 1996, 2007		
두부손상	두개골절	기저부 골절 : 라쿤 징후, 배틀 징후 2015		
	두부손상	두부손상 시 체위 2021		
	뇌진탕	증상 및 징후 2013		
	뇌좌상	분류, 측두엽 좌상 증상, 전두엽 좌상 시 증상, 관련 증상 등 1995		

척추 및 흉부손상	척수손상	손상빈도가 높은 부위 1995	
		척추골절 시 응급간호 2009	
		경추손상이 의심될 때 환자를 옮기는 법 2022	
	흉부손상		
근골격계 손상	골절	골절치유과정 - 골화 단계 1995	
		단순골절 증상 1995	
		골절 시 사정내용 및 응급처치 2001, 2010 , 골절 시 처치 1992	
		골절 합병증	구획증후군 발생기전 2016
			석고붕대를 했을 때 합병증을 확인하기 위한 사정방법 2가지 2024
		부목효과 2006	
		견인장치의 적용 1995	
	염좌 및 기타 근골격계 손상	증상 및 처치방법 1992, 2012	
		염좌 시 상태악화방지 위해 처음 6~12시간 이내 제공해야 할 간호중재 원칙 2006	
		타박상에 대한 처치 1992	
기타 응급관리	눈 손상	안구 화학적 화상 시 응급간호 1995, 2010	
		날카로운 이물질에 눈이 찔렸을 때 간호법 1992	
		안구전방 출혈 시 응급간호 1995	
	치아 손상	중절치 1개 적출 시 간호중재 2008	
		영구치가 빠진 경우 간호중재 2009	
	교상 시 응급간호	벌에 쏘였을 때	
		동물에 물렸을 때	
		해양생물에 물렸을 때	
		뱀에 물렸을 때	

마이-맵을 활용한 학습요점 정리

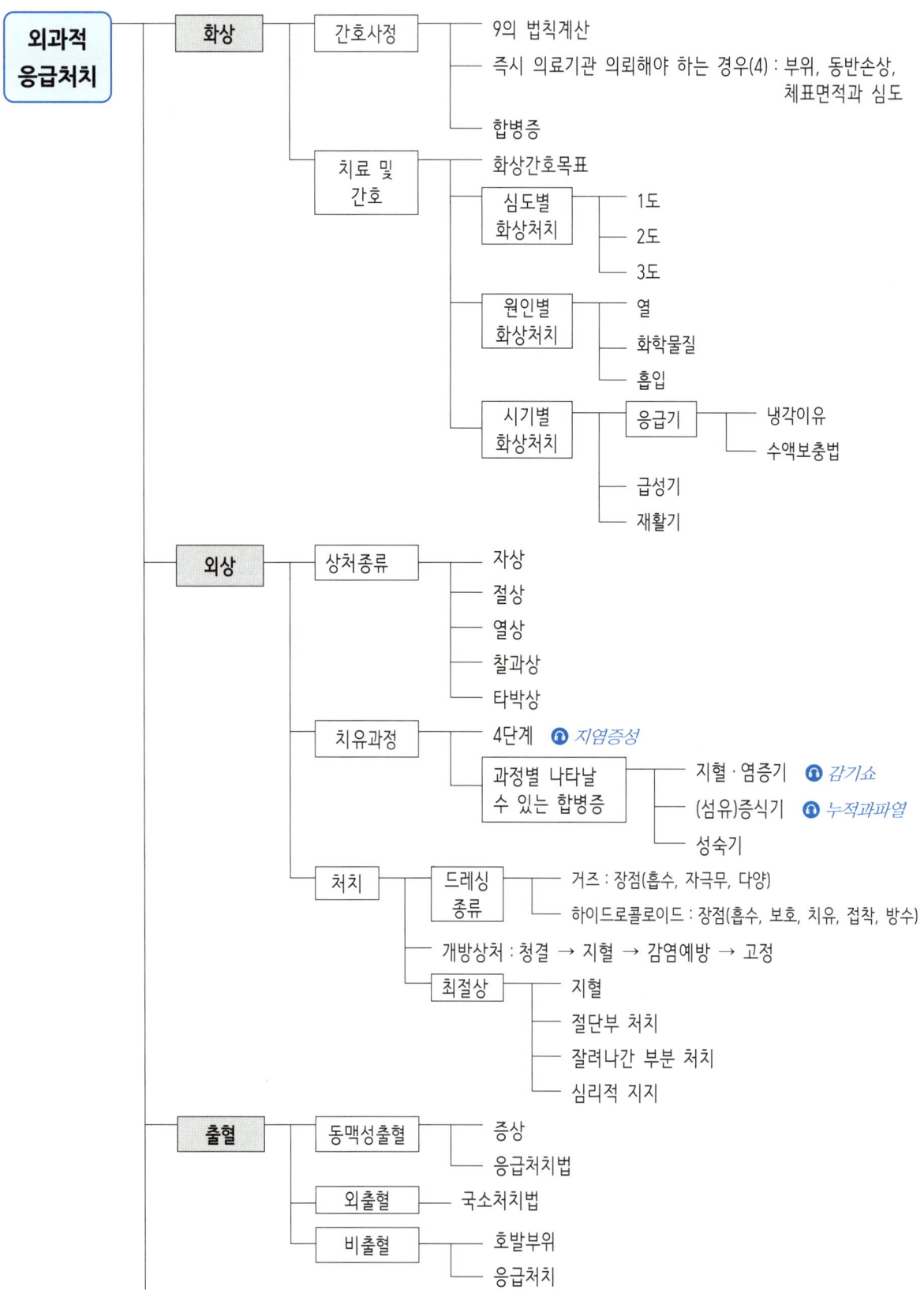

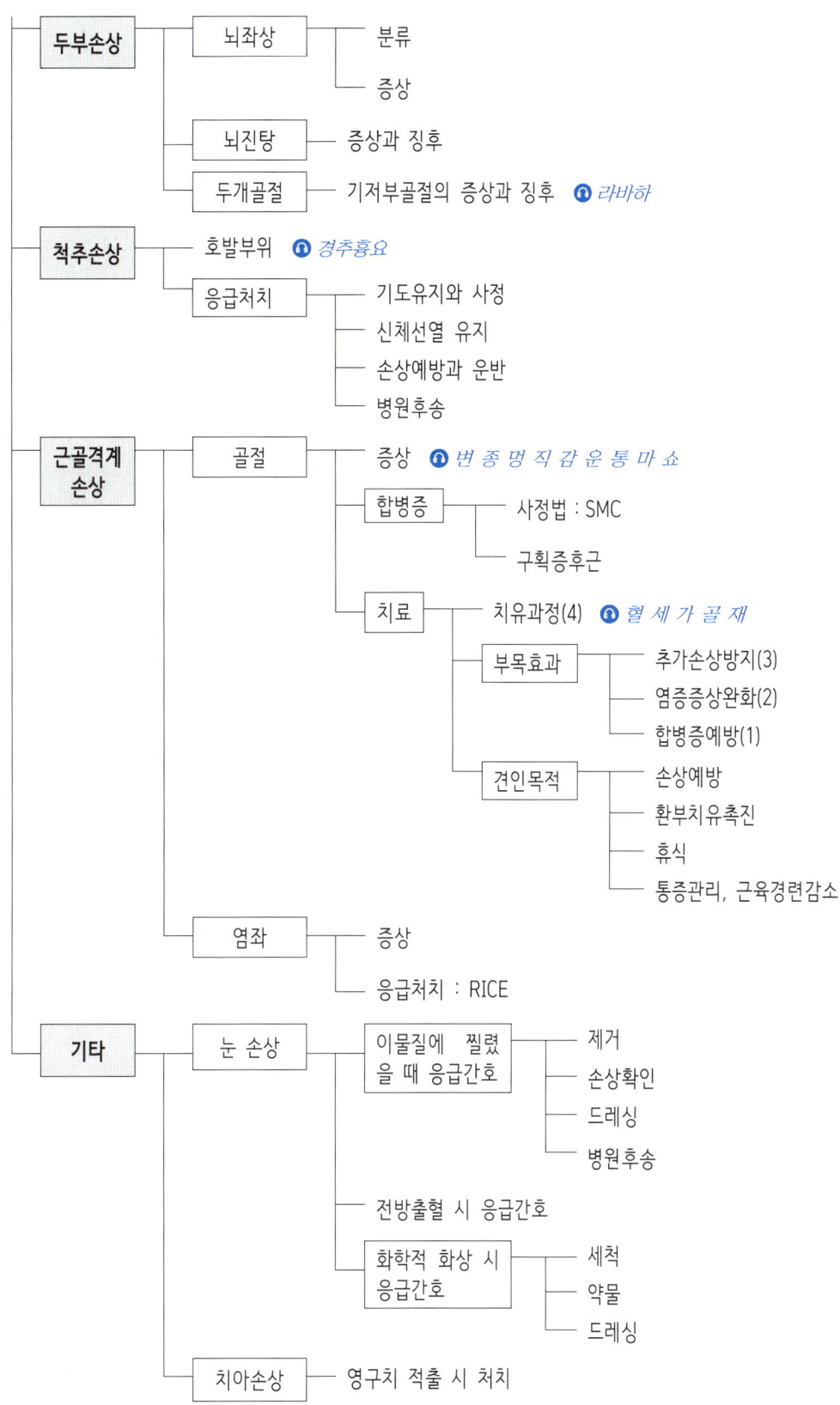

CHAPTER 05. **외과적 응급처치**

1 개념 정리 학습

01 미국화상협회의 분류에 따른 중증 화상은 (①) 의료기관으로 후송해야 한다. 중증화상에 해당하는 경우는 1) 눈, 귀, 얼굴, 손, 발과 (②)의 모든 화상, 2) 모든 (③) 손상, 흡입 손상, 다발성 외상 손상, 모든 고위험 환자, 3) 성인에서 전체 체표면적의 (④)% 이상의 부분층 화상, 4) 전체 체표면적의 (⑤)% 이상의 전층 화상이다.

02 화상의 심도별 피부손상 정도는 1도 화상은 (①), 2도 화상은 (②)와 진피의 일부, 3도 화상은 피부 (③)과 신경, 혈관, 근육, 뼈의 파괴이다.

03 2도 화상에서 물집을 터트리면 안 된다. 그 이유는 (①)위험성이 있고, (②)을 야기할 수 있기 때문이다.

04 화상 응급처치 시 화상부위를 식혀주는 것은 중요하다. 그 목적은 (①)로 인해 (②)이 진행되어 화상면적이 확대되는 것을 막아주기 위함이다. 단, 화상부위가 광범위한 경우에는 화상부위를 찬물에 담그면 과도한 열손실을 야기할 수 있어 권장하지 않는다. 또한 화상상처에 얼음을 직접 대면 (③)을 일으킬 수 있으므로 금기이다.

05 화학약품에 의한 화상은 원인에 따라 화학약품 제거방법이 다르다. 페놀은 (①)로 충분히 세척한 후에 물로 세척해야 하고, 석회나 인 같은 분말은 (②), 농축된 황산은 (③)한다.

06 화상의 응급기에 (①)이 발생할 수 있다. 이는 스트레스 궤양으로 중증화상의 50%에서 발생한다. 발생 기전은 교감신경의 항진으로 위장관 혈관이 수축하여 허혈발생, 부교감신경 항진으로 위산분비 증가와 (②)의 활성화 증가로 발생된다.

07 (①)은 못, 바늘, 철사, 칼 등과 같은 날카로운 기구에 의해 생긴 좁고 깊은 상처이고, (②)은 칼, 면도날 또는 유리조각과 같은 예리한 물체에 의하여 베어진 깨끗한 상처이다.

08 (①)은 마찰로 인해서 표피나 진피의 일부분이 긁히거나 벗겨지는 것으로 손상된 피부가 깨끗하지 않고, 다양한 깊이로 손상을 얻고 표피의 손실을 가져오는 상처이다. (②)은 신체의 일부분이 둔탁한 물건에 부딪히므로 생기는 폐쇄성 상처이다.

09 상처치유과정 중 지혈기에 세포와 혈관이 손상되면서 혈액이 상처가 난 혈관벽을 만나면 (①) 작용을 유도하고, 혈액 내 피가 굳게 하는 (②)들을 활성화시킨다. 그 결과 (③) 덩어리가 생겨 상처부위에 엉겨 붙어 굳으면 더 이상의 혈액과 체액의 손실을 막을 수 있는 지혈단계가 완성된다.

10 상처치유과정 중 지혈, 염증기의 합병증은 (①), (②), 출혈로 인한 쇼크이다.

11 상처치유과정 중 증식기에는 상처가 육아조직으로 채워지고 수축되어 (①)에 의해 상처표면을 재형성한다. 이 시기의 합병증은 (②), (③), 육아조직 과다 형성, 상처파열, (④)이다.

12 상처치유과정 중 성숙기는 (①) 세포들이 사라지고 난 후 혈관생성의 진행이 정지되면서 (②)도 정지되어지는 단계로 (③)이 재조직화되고, 흉터가 재건되어 상처가 치유된다.

13 (①)는 접착력이 있는 겔 성분으로 흡수성 폐쇄드레싱으로 상처부위에 7일간 부착해 두면 삼출물이 겔 형태로 변화되면서 육아조직과 상피조직이 재생된다.

14 (①)는 갈색해조류의 세포벽에 있는 다당류로 만든 비접착성 드레싱이다. 이는 삼출물 흡수가 탁월하고, 겔 형성으로 상처표면의 습기를 유지한다. 상처의 사강을 줄이기 위해 팩킹 재료로 사용되며, 지혈 성분 함유로 출혈 시 상처지혈 촉진된다.

15 최절상에서 절단된 신체부위는 (①), 마른 거즈나 깨끗한 천으로 감싼 후 비닐봉지나 방수 용기에 담아 물이 들어가지 않도록 한다. 이는 얼음에 (②) 아이스박스에 넣고, 아이스박스에 대상자의 이름, 날짜, 시간이 적힌 라벨을 붙이고 아동과 함께 즉시 병원으로 가져간다.

16 최절상에서 절단 부위는 가능하면 물로 세척하여 이물질을 제거하고 문지르면 안 된다. 멸균거즈나 청결한 천을 대고 압박붕대로 고정하여 (①)을 감소하고 (②)와 (③)을 방지한다.

17 출혈을 의심할 수 있는 증상과 징후는 1) 교감신경계 증상으로 발한, 오심, 구토, (①) 호흡, (②) 맥박, 청색증, 창백 등이 발생될 수 있다. 2) 순환혈액량 감소 관련 증상으로 (③), 혈압저하, 소변량 감소, 체온(④), 누운 자세에서 경정맥 (⑤) 등이고, 3) 신경계 증상은 불안, 안절부절못함, 말기로 진행되면 시력장애, 현기증, 동공확장, 이명, 무의식 등이다.

18 지혈법 중 지혈대 사용은 동맥의 차단을 목적으로 상지나 하지를 (①)을 차단할 정도의 압력으로 묶는 방법이다. 지혈대는 직접 상처에 닿지 않도록 하고, 면적은 5cm 이상 넓은 것을 사용하고, 최후의 수단으로 쓴다. 지혈대를 일단 하면, 의사에게 가서 풀게 된다는 것에 유의하고, (②)를 노출시키고, 지혈대를 묶은 옆에 시간을 명시한다. 또한 지혈대는 관절에 적용하지 않는다. 그 이유는 관절에 지혈대를 적용하면 관절 주변의 (③)을 감소시키고, 관절 내부의 (④)의 순환을 저하시킬 수 있다.

19 일반적인 비출혈 호발부위는 (①) 부위이며, 비출혈 시 체위는 앉은 자세에서 고개를 약간 앞으로 기울인 자세를 취하는 것이 (②)에 혈액이 적게 흘러들어가게 한다.

20 기저두개골절은 (①)과 (②)의 기저부위를 따라 골절이 이루어지는 것으로 (③)이 귀, 코에서 흘러나오거나 뇌신경 손상 증상, 출혈 등의 증상이 나타난다. 이는 (④) 부위가 인접하므로 심각한 두부손상이다. 해당 골절에서 특징적인 징후는 안구주위의 반상출혈로 (⑤), 귀 뒤 유양돌기 부위의 반상출혈로 (⑥), 비루나 이루를 거즈에 묻혀서 보면, 가운데 붉은 혈액이 모이고, 그 주위에 누르스름한 (⑦)이 둘러싸는 현상인 (⑦)의 (⑧)가 나타날 수 있다.

21 두부손상 시 척추손상이 없는 상태에서 (①) 예방을 위해서 머리를 (②) 상승시킨 자세를 취해주어야 한다. 머리의 (②) 상승은 경정맥을 통한 (③)과 가스교환을 돕고, (④)을 감소시킨다.

22 (①)은 뇌진탕 후 2주~2개월 내에 나타난다. 그 증상은 두통과 (②)증상으로 어지러움, 이명, 청력감퇴, 시력장애 등이 나타날 수 있다. 또한 (③)으로 과민, 불안, 우울, 성격과 행동변화, 피로, 수면장애, 인지장애, 기억장애, 집중력 저하, 주의력 저하, 기면 등이 나타날 수 있다.

23 뇌좌상은 손상받은 엽에 따라 의식상실이 있을 수도 있고, 없을 수도 있다. 보통 (①) 손상 시 의식 명료, (②) 손상 시에는 즉시 혼수에 빠지고 여러 신경학적 이상상태가 발견된다.

24 척수손상의 호발부위는 생리적 만곡부로 (①), (②), 요추부(4~5번째), 천추부 순으로 발생된다.

25 (①)는 척수손상 직후에 손상부위 이하에서 일시적인 반사상실과 관련된다. 척수손상환자의 50% 정도에서 척수기능인 운동, 지각 및 반사기능이 완전히 소실된 상태로 초기에는 하부 운동 신경의 완전 (②) 마비상태이다. 손상부위 이하의 감각소실, 반사상실, (②) 마비, 방광과 장의 운동 상실, 발한, 혈관운동의 장애의 일시적인 신경학적 징후가 초래된다.

26 척수손상 후 (①)는 혈역학과 관련이 있으며, 손상으로 인한 혈관운동 장력의 상실 때문에 발생된다. 이는 (②)과 관련된다. (③)에서 혈관수축 메시지가 전송되지 않으면 교감신경의 신경자극전달이 차단되고, 교감신경계의 기능장애로 혈압자동조절이 상실된다.

27 척수손상 대상자에게 가장 우선순위가 되는 초기 사정은 호흡과 적절한 기도유지이다. 경추손상 의심 시 (①) 통해 기도를 개방한다.

28 척수손상 대상자의 운반 시에는 흔들리거나 급히 서두는 일이 없도록 조심해야 한다. 환자를 옮길 수 있는 사람의 수가 적절할 때 척수를 고정시키고 운반한다. 환자 이동 시 2명 이상이 (①)으로 옮겨서 척추의 (②)과 (③) 및 (④)을 예방한다.

29 골절의 치유과정은 (①)형성, (②), (③), 골화, 골재형성 순이다.

30 골절치유과정 중 골화단계는 가골에서 (①)로 대체되는 단계이다. 골화과정은 골막과 피질 사이 (②) 형성, (③) 가골, (④) 사이 가골 형성 순이다. (⑤)로 변화될 때 석고붕대를 제거하고, 움직임을 제한적으로 허용한다.

31 골절의 증상 및 징후는 (①), 부종, 점상출혈, 근육경직, 감각이상, 정상기능 상실, 비정상적 움직임, 운동이상, 압통, 통증, 마찰음, 쇼크 등이다. 부종은 골절부위의 (②) 증가와 (③)로 인해 발생되고, 통증은 근경직, 골편의 (④), 연조직이나 근육의 손상으로 움직이거나 압력이 가해지면 통증이 증가한다.

32 골절의 합병증으로 발생할 수 있는 (①)은 출혈·부종·석고붕대·붕대로 (②)이 눌려 (②) 내 압력 증가에 따라 근육의 혈액순환이 감소되어 발생하는 것이다.

33 구획증후군에서 발생할 수 있는 6P는 (①), (②), (③), (④), (⑤), (⑥)이다.

34 부목의 적용목적은 추가손상 방지, 염증증상 완화, 합병증 예방이다. 추가손상 방지는 골절로 인한 2차 손상위험 방지, 골편고정 및 (①) 방지, 폐쇄성 골절이 개방성 골절이 되지 않도록 예방이다. 염증증상 완화는 통증 경감과 출혈과 부종 감소이다. 합병증 예방은 (②)과 쇼크 예방이다.

35 석고붕대의 적용목적은 1) 골절 치유과정 동안 골편의 (①), 2) 수술 후 치유과정 동안 환부의 (①), 3) (②)의 예방/교정, 4) 질병진행 시 휴식의 증진, 5) 조기 (③)이다.

36 석고붕대 합병증 발생 여부 사정법은 1) 감각사정으로 (①) 정도 사정, 2) 순환사정을 위해 (②) 확인, (③)충혈검사, 맥박확인, 색깔 및 부종 확인이다. 3) 통증사정으로 움직일 때 통증발생 여부 확인, 사지의 국소적 허혈로 괴저가 있으면 운동 시 통증이 동반되므로 이를 확인한다.

37 견인의 목적은 (①)예방, (②)촉진, 휴식, 통증관리 및 (③)경련 감소이다.

38 견인은 (①)을 동반한 골절과 강한 근육조직에서 (②)을 예방하고자 작용한다.

39 염좌 등 근골격계 손상 시 악화방지를 위해 처음 6~12시간 이내 제공해야 할 간호중재 원칙은 PRICE로 (①), (②), 얼음찜질(Ice), (③), (④)이다. 얼음찜질은 (⑤)시간 이내일 때 적용하면 부종 최소화, 경련과 통증 경감, (⑥)효과, 지혈에 효과적이다.

40 화학약품에 의한 눈의 화상 시 가장 먼저 사고 즉시 생리식염수나 흐르는 깨끗한 물로 (①)측에서 (②)측으로 pH (③)이 될 때까지 세척한다. 손상된 눈을 크게 뜨도록 하고 미지근한 물 또는 생리식염수를 적어도 5분 이상 세척한다. (④)하려고 하지 말고, 생리식염수나 물로 (⑤)·(⑥)를 위해 세척해야 한다.

41 화학약품에 의한 눈의 화상 물질이 알칼리성 용액이라면 적어도 (①)간은 세척해야 한다.

42 이물질로 인한 눈의 손상으로 눈이나 안검에서 출혈이 될 때는 직접압박을 가해 지혈하면 오히려 더 큰 상처를 초래할 수 있으므로 금기이다. 안구 후방에서 유입되는 혈관에 압력이 전달되어 혈류공급이 저해되어 (①) 손상 및 압박으로 (②)가 안구 손상 부위를 통해 외부로 돌출될 수 있다.

43 안구전방출혈 시 상체를 약 (①) 정도 세운 채로 (②)을 유지하여 전방출혈을 (③)에 국한시킨다.

44 치아탈구 시 (①)를 손가락을 잡고 식염수를 흐르게 하여 (②)의 이물을 가볍게 씻어 낸다. 빠진 치아는 식염수 or 젖은 거즈 or 우유에 담근 상태로 (③)분 이내 치과방문 또는 여의치 않은 상황에서 협조가 가능한 경우라면 혀 밑에 보관한다. 물은 (④)를 촉진하므로 사용 자제, 건조하게 보관하면 재이식 실패에 영향을 준다.

---

01 ① 즉시, ② 회음부, ③ 전기적, ④ 25, ⑤ 10
02 ① 표피층, ② 표피, ③ 전층
03 ① 감염, ② 큰 반흔
04 ① 잔열, ② 열손상, ③ 동상
05 ① 알코올, ② 솔로 털어내고, ③ 물로 세척
06 ① 컬링궤양, ② 펩신
07 ① 자상, ② 절상
08 ① 찰과상, ② 타박상
09 ① 혈소판, ② 응고인자, ③ 섬유소(피브린)
10 ① 감염, ② 기능상실
11 ① 상피화, ② 누공, ③ 적출(내부 장기 돌출), ④ 열개
12 ① 염증, ② 섬유화, ③ 콜라겐
13 ① 하이드로콜로이드
14 ① 알지네이트
15 ① 씻지 않고, ② 직접 닿지 않게
16 ① 출혈, ② 통증완화, ③ 손상
17 ① 빠르고 얕은, ② 빠르고 약한, ③ 갈증호소, ④ 하강(순환혈량 감소와 함께 대사량 감소에 의해 발생), ⑤ 편평
18 ① 동맥혈, ② 지혈된 부위, ③ 혈액순환, ④ 관절낭액

19 ① Kiesselbach, ② 인두

20 ① 전두엽, ② 측두엽, ③ 뇌척수액, ④ 뇌간, ⑤ Raccoon's sign, ⑥ Battle's sign, ⑦ 뇌척수액,
    ⑧ Halo sign(= Ring sign)

21 ① 뇌압상승, ② 30도, ③ 정맥귀환, ④ 뇌부종

22 ① 뇌진탕 후 증후군, ② 뇌신경, ③ 정신과적 증상

23 ① 전두엽, ② 뇌간

24 ① 경추부(5~7번째), ② 흉추부(12번째)

25 ① 척수쇼크, ② 이완성

26 ① 신경학적 쇼크, ② 흉수상부 손상(T_{6-7}), ③ 연수

27 ① 턱 밀어올리기

28 ① 통나무 굴리는 식(long rolling method), ② 굴곡, ③ 신전, ④ 염전

29 ① 혈종, ② 세포증식(과립조직 형성), ③ 가골형성

30 ① 진성가골, ② 외가골, ③ 골수 내, ④ 피질절편, ⑤ 진성가골

31 ① 변형, ② 장액성 체액, ③ 출혈, ④ 정복

32 ① 구획증후군, ② 구획

33 ① 통증(Pain), ② 창백(Pallor), ③ 맥박소실(Pulselessness), ④ 이감각증(Paresthesias),
    ⑤ 마비(Paralysis), ⑥ 냉감(Pakilo thermia)

34 ① 기형, ② 지방색전증

35 ① 부동화, ② 기형, ③ 체중부하

36 ① 이상감각이나 감각변화, ② 냉감여부, ③ 모세혈관

37 ① 손상, ② 환부치유, ③ 근육

38 ① 다발성 외상, ② 경련발생

39 ① 보호(Protection), ② 휴식(Rest), ③ 압박(Compression), ④ 거상(Elevation), ⑤ 24, ⑥ 항염증

40 ① 내, ② 외, ③ 6~7, ④ 중화, ⑤ 희석, ⑥ 제거

41 ① 20분

42 ① 망막, ② 초자체

43 ① 30도, ② 침상안정, ③ 하전방

44 ① 치관부, ② 치근부, ③ 30, ④ 세포분해

2 개념 인출 학습

01 화상의 정의를 답하시오.

02 화상의 범위 계산법인 9의 법칙에 근거하여 머리와 목, 각각의 상지, 각각의 몸통 앞뒤, 각각의 하지, 회음부 순으로 범위를 제시하시오.

03 화상의 치료진행과정은 응급기, 급성기, 재활기이다. 이들의 정의를 각각 제시하시오.

04 화상의 치료진행과정 중 응급기에 이루어지는 적절한 수액공급은 정상 심박출량, 평균동맥압, 충분한 순환량 등을 유지하게 해준다. Parkland 방법에 따라 수액공급을 할 때 제공되는 용액과 시간경과에 따른 수액 공급비율을 제시하시오.

05 화상의 치료단계는 응급기, 급성기, 재활기이다. 각 치료단계에서 발생할 수 있는 합병증을 3가지씩 답하시오.

06 상처의 개념을 답하시오.

07 드레싱의 적용목적을 설명하시오.

08 거즈드레싱의 특징을 제시하시오.

09 붕대법의 적용목적을 답하시오.

10 모세혈관 출혈, 정맥성 출혈에서 적용할 수 있는 지혈법을 2가지만 답하시오.

11 비출혈의 국소적 원인을 답하시오.

12 두개골절의 정의를 답하시오.

13 뇌진탕의 정의를 답하시오.

14 뇌좌상의 정의를 답하시오.

15 골절의 정의를 제시하시오.

16 폐쇄골절과 개방골절을 각각 설명하시오.

17 아동골절로 발생할 수 있는 생목골절을 설명하시오.

18 골절의 증상과 징후로 통증이 발생하는 이유를 설명하시오.

19 골절의 합병증으로 구획증후군이 발생하는 기전을 답하시오.

20 부목의 적용 시 주의점을 5가지만 답하시오.

21 견인의 개념을 제시하시오.

22 염좌의 정의를 답하시오.

23 염좌의 원인을 제시하시오.

24 근골격계 손상 중 좌상의 정의를 답하시오.

25 근골격계 손상 중 탈구의 정의를 답하시오.

임수진
보건임용

PART

05

성인간호학 총론

CHAPTER 01 건강사정

CHAPTER 02 수분과 전해질

CHAPTER 03 면역과 알레르기

CHAPTER 04 종양간호

CHAPTER 05 재활간호

CHAPTER 06 노인간호

01 건강사정

영역			기출영역 분석
신체사정	면담		면담 시 상호작용을 특징짓는 요소 1996
			면담 시 면담자의 태도 : 우울이 심한 대상자, 분노가 있는 대상자, 폭력의 위험성을 가진 대상자, 사람을 조종하려는 대상자, 성적 유혹을 하는 대상자 2010
	신체검진기구의 사용법 2010		
	활력징후	체온	장티푸스 발열 형태(지속열) 1995
		맥박	간헐맥 : 정의 1992, QRS군이 누락되었을 때 나타나는 맥박양상 2016
		호흡	호흡 형태(체인–스톡 호흡, 무기문식 호흡 : 지속 흡식성 호흡, 운동 실조성 호흡, 중추신경에 의한 호흡) 1995
		혈압	혈압이 높게 측정되는 경우 2023
	신체검진 기술		청색증 시 오감 이용한 신체검진 내용, 복통의 신체사정방법 5가지, 복부 신체검진 방법 1997, 2000, 2009

마이-맵을 활용한 학습요점 정리

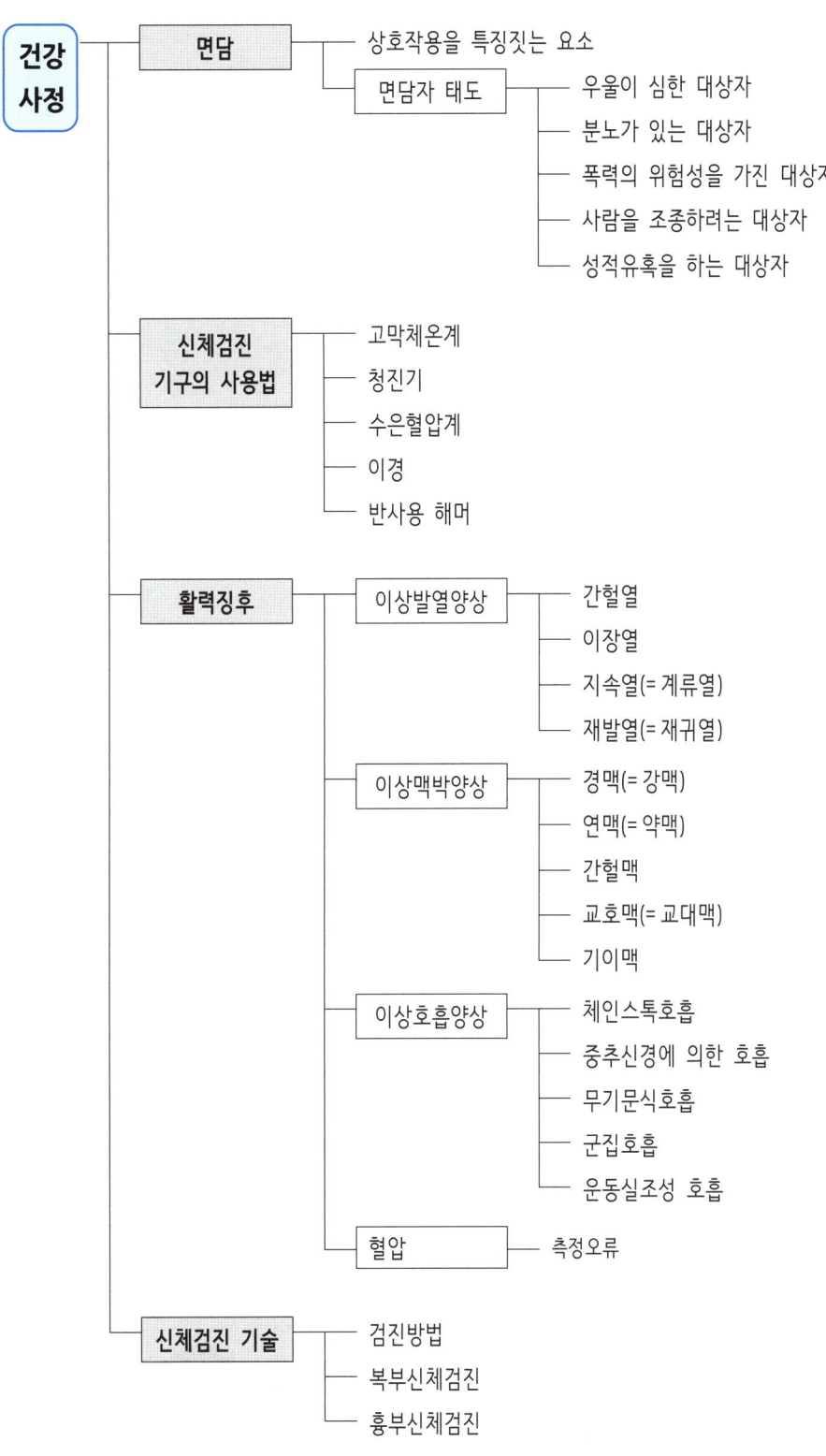

 개념 정리 학습

01 Snellen 차트와 한천석 시력표는 (①)를 위한 시표이고, 검안경은 눈의 (②)검사와 (③)반사 조사하기 위함이다.

02 이경은 (①)과 (②) 검사하기 위함이다.

03 고막은 (①)로 공급되는 동맥의 지류(내경동맥)에서 혈액이 공급되기 때문에 심부 체온 측정에 적합하다. 귀적외선체온계는 귀를 약간 잡아당겨[3세 이후는 (②), 3세 미만은 (③)의 방향으로 당길 것] 이도를 편 후, 측정부와 (④)이 (⑤)이 되도록 하여야 한다. 디지털 창에 체온이 나타날 때까지 2~3초간 이관에 부드럽게 탐침을 외이도에 넣고 기다린다. 체온계가 고막이 아닌 귀 벽으로 향하면 체온이 잘못 측정될 수 있으므로 주의하여야 한다.

04 수은혈압계를 상완혈압으로 측정할 때 청진기로 상완을 너무 강하게 압박하면, 과도한 압력으로 청진음이 지속되어 실제보다 이완기 압이 (①) 측정될 수 있다.

05 (①)은 하루 중 변동이 1℃ 이상이고, 최저체온이 37℃ 이하로 내려간다. (②), (③), 악성 림프종 등과 같은 질환에서 볼 수 있다.

06 (①)은 하루 중 변동이 1℃ 이상이고, 최저체온이 37℃ 이하로 내려가지 않는다. (②)과 같은 질환에서 볼 수 있다.

07 (①)은 하루 중 변동이 1℃ 이내이고, 38℃ 이상이 며칠 혹은 몇 주간 지속된다. (②), 리케차, 바이러스뇌수막염 등과 같은 질환에서 볼 수 있다.

08 (①)은 1~2일간 정상이다가 갑자기 상승(상승 시 갑자기 오한이 나면서 40℃ 전후로 열이 남)하여 발열기와 무열기가 교대로 나타난다. (②), (③), 브루셀라 등과 같은 질환에서 볼 수 있다.

09 경동맥은 목의 (①) 중앙지점으로 성인과 소아 심장정지나 쇼크 시 측정부위이다. 상완동맥은 전박 앞쪽의 (②)과 (③) 사이로 영아의 심장정지나 쇼크 시 측정부위이며 상지혈압 측정부위이다.

10 (①)은 맥박의 긴장도가 너무 약해서 거의 감지할 수 없는 맥박이다.

11 (①)은 정맥과 부정맥이 교대로 계속되는 것으로 심장박동 중 몇 번 박동이 없다.

12 (①)은 약한 박동 후에 강한 박동이 나타나는 현상으로 원인은 (②) 기능상실이다.

13 (①)은 흡기 시에는 약맥, 호기 시에는 강맥이다. 흡기 시에 수축기 혈압이 10~15mmHg 이상 하강하는 것으로 이는 흡기 시 흉강 내 음압으로 우심방으로 정맥귀환이 증가하여 이완기에 우심실의 부피가 증가하고, 그로인해 심실중격이 좌심실로 편향되어 좌심실 전부하가 감소되어 심박동량 감소와 혈압 저하가 초래된다. (①)이 나타나는 원인은 (②), (③), 폐쇄성폐질환 등이다.

14 (①)은 호흡의 율과 깊이가 불규칙적이고, 무호흡과 과호흡이 교대로 나타나는 것이다. 호흡이 점점 느리고 얕아지며, 최종호흡이 중단되기 전에 무호흡이 극에 달하는 것으로 (②)이나 (③)변화가 있을 때 나타난다.

15 (①)은 중뇌하부와 (②) 상부 사이에 병변이 있을 때 나타나는 빠르고 깊은 호흡이 규칙적으로 지속되는 호흡이다.

16 (①)은 (②)의 중·하부에 병변이 있을 때 나타나는 호흡으로 흡기가 연장되거나 호기 전 호흡이 중단되는 시기가 반복된다.

17 (①)은 연수의 (②)에 병변이 있을 때 나타는 호흡으로 완전히 불규칙적인 느린 호흡이다.

18 혈압 상승의 순환계 요인은 (①), (②), (③), (④), (⑤)이다.

19 좁은 커프, 길이가 (①) 커프, 너무 (②) 감은 커프, 커프에 공기를 너무 천천히 주입하거나 커프에 공기를 완전히 빼지 않고 공기 주입한 경우에는 혈압이 실제보다 (③) 측정된다.

20 심장보다 낮은 대상자 팔이나 측정 시 팔을 지지하지 않은 경우에는 실제보다 혈압이 (①) 측정된다.

21 넓은 커프나 커프에서 공기를 너무 빨리 빼면 실제보다 혈압이 (①) 측정된다.

22 각 신체부위는 시진 - (①) - (②) - (③) 순서대로 사정한다. 단, 복부검진은 문진 - 시진 - (④) - (⑤) - (⑥) 순으로 사정한다.

23 (①)은 긴 시간 동안 지속되는 크고 낮은 속이 빈 톤의 소리로 폐에서는 정상적인 소리이다.

01 ① 원시검사, ② 망막, ③ 안저
02 ① 고막, ② 이관
03 ① 시상하부, ② 후상방, ③ 후하방, ④ 고막, ⑤ 일직선
04 ① 낮게
05 ① 간헐열, ② 패혈증, ③ 속립결핵
06 ① 이장열, ② 레지오넬라 폐렴
07 ① 지속열(= 계류열), ② 장티푸스
08 ① 재발열(= 재귀열), ② 악성 림프종, ③ 말라리아
09 ① 흉쇄유돌근, ② 이두근, ③ 삼두근
10 ① 연맥(= 약맥)
11 ① 간헐맥
12 ① 교호맥(= 교대맥), ② 좌심실
13 ① 기이맥, ② 심낭염, ③ 심장압전
14 ① 체인-스톡 호흡, ② 대사성 질환, ③ 뇌의 구조
15 ① 중추신경에 의한 과호흡(Central-Neurogenic hyperventilation), ② 뇌교
16 ① 무기문식 호흡(Apneustic breathing), ② 뇌교
17 ① 운동실조성 호흡(Ataxic breathing), ② 망상계
18 ① 심박출량, ② 말초혈관저항, ③ 혈액량, ④ 동맥탄력성, ⑤ 혈액점도
19 ① 짧은, ② 느슨히, ③ 높게
20 ① 높게
21 ① 낮게
22 ① 촉진, ② 타진, ③ 청진, ④ 청진, ⑤ 타진, ⑥ 촉진
23 ① 공명음(resonance)

2 개념 인출 학습

01 면담의 정의를 답하시오.

02 면담기술 중 질문하는 방법을 5가지만 답하시오.

03 사람을 조종하는 대상자와 면담 시 면담방법을 설명하시오.

04 우울한 대상자와 면담 시 면담방법을 설명하시오.

05 검안경의 사용법을 제시하시오.

06 맥박 사정 시 사정내용을 답하시오.

07 호흡에 영향을 미치는 요인을 제시하시오.

08 쿠스마울 호흡의 양상을 설명하시오.

09 순환계 요인 외에 혈압에 영향을 미치는 요인을 답하시오.

10 복부검진 시 촉진과 타진 전에 청진을 하는 이유를 설명하시오.

11 타진음 중 과다공명음과 둔탁음을 각각 설명하시오.

CHAPTER 02 수분과 전해질

영역		기출분석 영역
수분과 전해질의 균형 및 불균형		체액의 분포와 기능
	체액 전해질 조절	체액균형의 조절인자 2004, 2020
		나트륨-칼륨 펌프의 혈청 농도 유지방법 2025
	수분 불균형	증상: 심한 설사로 인한 증상: 소변량 감소, 맥박상승, 체위성 저혈압 2009
		오심/구토/설사로 인한 수분불균형: 체액결핍 2010
		탈수를 의심할 수 있는 증상: 체중감소, 현저한 혀 유두, 눈이 꺼져 보임 2010
		탈수 대상자 간호: 탈수로 인하여 체액 불균형을 일으킨 대상자에게 요구되는 간호행위 3가지 2004
	나트륨 불균형	저나트륨혈증: 오심/구토/설사를 한 대상자 2010
		혈액검사결과 판별 2020
		고나트륨혈증: 치료 및 간호 2013
		세포 탈수의 기전 2025
	칼륨 불균형	고칼륨혈증: 대사성 산증과 관련성 / 증상과 징후 2011
		저칼륨혈증 2013
	칼슘 불균형	저칼슘혈증의 양성반응을 사정하는 검사와 중재 2012
		저칼슘혈증의 양성반응과 칼슘조절 호르몬 명칭과 기능 2024
산-염기의 균형 및 불균형		산-염기 조절기전 1996
	호흡성 산증	혈액 속의 과다한 이산화탄소 정체가 원인인 것 1993
	호흡성 알칼리증	불안한 정서상태와 빠르고 깊은 호흡에 의해 발생할 수 있는 산-염기 불균형의 명칭 2021
	대사성 산증	증상과 징후: stupor/쿠스마울 호흡/당뇨병성 케톤산증/pH 4.5 이하 소변 1996, 2006, 2020
		설사로 인한 대사성 산증의 이유와 보상기전 2025
		케톤산혈증에서 나타나는 산-염기 불균형 2017
		ABGA결과 해석, 증상, 치료 및 관리(중탄산나트륨 투여) 2011
		ABGA결과 해석, 음이온 격차 2013

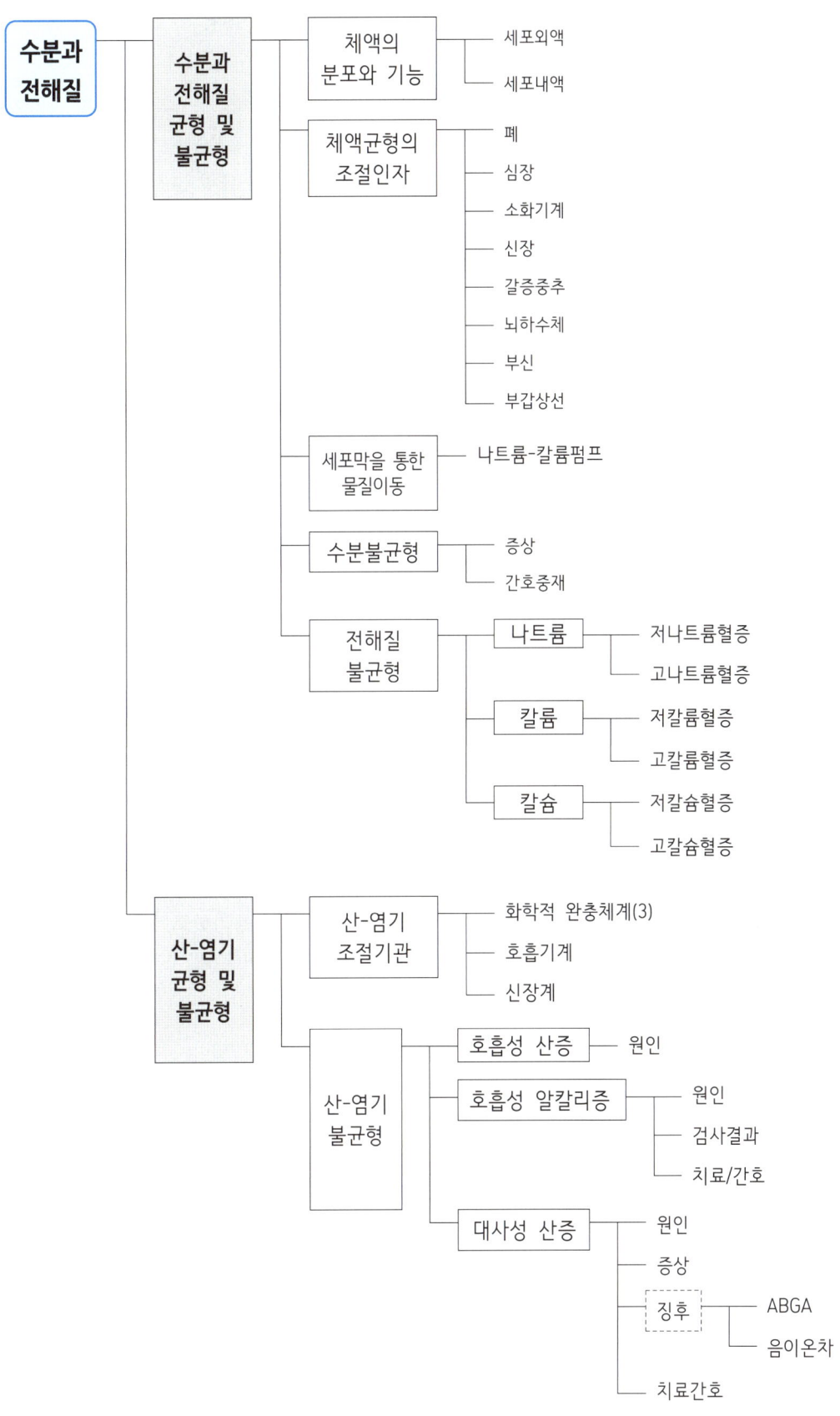

1 개념 정리 학습

01 체액은 체중의 (①)%를 차지하고, 세포내(② %) 및 세포외(③ %)에 존재하며 끊임없이 이동한다. 신생아는 체액이 체중의 (④)%를 차지하고, 이중 2/3는 (⑤), 1/3은 (⑥)이다.

02 모든 체액은 (①)를 전도할 수 있는 화학적 성분인 전해질을 포함한다. 전해질은 양전기를 띠는 양이온과 음전기를 띠는 음이온으로 구분된다. 전해질의 기능은 1) 신경, 근육의 흥분성을 (②)시킴, 2) 체액량과 삼투질 농도를 유지시킴, 3) 체액구간에 체액을 (③)시킴, 4) (④) 균형 조절이다.

03 항이뇨호르몬은 (①)에서 합성되어 (②)에 저장하고 (③)과 집합관에서 수분의 재흡수를 자극한다.

04 경동맥 압력 수용체의 동맥압이 감소되거나 신동맥의 압력이 감소되면 신장혈류 확산이 감소되어 신장에서 (①)을 분비한다. (①)에 의해 간에서 생성되는 혈장단백인 안지오텐시노겐이 (②)으로 활성화된다. 폐에 있는 전환효소의 작용으로 (②)은 (③)로 전환되어 말초동맥에 작용하여 직접 동맥을 수축시켜서 혈압을 상승시킨다. (③)는 부신피질에서 (④)을 분비하게 한다. (④)은 신세뇨관에서 수분과 염분 재흡수를 촉진하여 정맥 환류량을 증가시킨다.

05 인체가 수분을 상실하면 일차적 방어기전으로 갈증을 느껴 수분을 섭취하게 된다. 혈장삼투질 증가 시 세포가 수분부족으로 수축되면서 (①)의 (②)를 자극하면 대뇌피질을 자극하여 갈증을 지각하고 수분 재흡수, 수분섭취 증가가 요구된다.

06 세포막의 (①)는 세포 밖의 Na^+ 농도를 정상보다 높게 유지시키기 위해 Na^+을 세포로부터 배출시키고 세포 속에 K^+을 축적시키는 장치를 의미한다. 세포는 사이질액에서 (②)으로 칼륨을 능동적으로 수송하기 때문에 (②)의 고농도 칼륨과 (③)의 고농도 나트륨이 유지된다.

07 정맥성 부종은 심부전증이나 혈전에 의한 정맥의 흐름이 막히면 정맥압이 증가하고, 모세혈관이 확장되고 울혈이 발생된다. 그로인해 정맥 내 (①)이 (②)보다 높아지면 수분이 주변 조직 내에서 혈관으로 돌아오지 못해 부종이 발생된다.

08 종양 등으로 림프관 폐쇄로 인해 초래되는 부종은 모세혈관에서 여과된 (①) 이동이 감소되어 조직 내 (②)이 증가하여 부종이 초래된다.

09 조직 손상으로 초래되는 부종은 모세혈관 (①) 증가로 혈장 단백의 조직으로 이동으로 인해 조직 내 (②) 증가하여 부종을 초래한다.

10 수분부족 증상은 맥박수 (①), (②) 저혈압, 누운 자세에서 목과 손의 정맥이 (③), 혀유두가 현저해지고, 안구함몰, 소변량 (④), 짙은 노란색 소변, 체중감소 등이다.

11 탈수로 인해 초래되는 안구함몰은 안구의 (①)이 감소하기 때문이다.

12 나트륨은 세포외액의 삼투질 농도를 유지시키는 주요 양이온으로 나트륨의 기능은 1) 골격근육 (①), 2) 신경 충격 전달, 3) 세포외액의 정상 (②) 유지, 4) 정상 (③) 유지, 5) 심장 수축, 6) 신장의 소변농축 체제의 유지이다.

13 저나트륨혈증의 진단검사 결과는 1) 혈청 내 나트륨 (①)mEq/L 이하, 2) 소변 내 Na (②)mEq/L 이하, 3) 혈청 내 삼투압 (③)mOsm/kg 이하이다.

14 저나트륨혈증에서 뇌압(①), 근육(②), 활동저하 또는 과다, 발작, 혼수와 같은 신경학적인 증상이 발생하는 기전은 희석된 체액이 뇌세포로 이동하여 지각과 반사에 영향을 주며, 흥분막이 자극에 대해 반응을 줄여서 발생된다.

15 고나트륨혈증의 진단검사 결과는 1) 혈청 내 나트륨 (①)mEq/L 이상 또는 2) 혈청 내 삼투압 (②)mOsm/kg 이상이다.

16 칼륨의 기능은 1) (①) 합성의 조절, 2) (②) 사용과 저장의 조절, 3) 세포막에서 (③)전위 유지, 4) 심근기능 (④)이다.

17 칼륨 양에 영향을 미치는 호르몬으로 (①)은 포도당을 세포 내로 이동시킬 때 칼륨의 이동을 함께 촉진하여 저칼륨혈증을 초래한다. (②)은 간에서 칼륨 유리되는 것을 자극하고 근육세포로부터 칼륨 이동을 도와 혈중 칼륨 증가요인이다. (③)은 나트륨을 체내 보유 및 포타슘 배설을 촉진한다. (④)은 원위세뇨관에서 칼륨 배설을 촉진한다.

18 저칼륨혈증에서 심전도의 변화는 1) T파 (①), T파 뒤에 (②)파가 현저함, 2) PR 간격 (③), 3) 약간 (④)한 P파, 4) ST 분절의 (⑤), 5) QT 간격 (⑥), 6) 강심제에 대한 민감성 증가(강심제 중독 대상자가 저칼륨혈증 시 심방조기수축과 심실조기수축이 자주 발생) 등이다.

19 고칼륨혈증 완화를 위해 1) 금식하고, (①) 10~20unit와 함께 10% 포도당 100mL를 주입하여 포타슘을 혈청에서 세포 내로 이동시킨다. 2) 정맥으로 (②)을 주입하면 포타슘이 심장에 미치는 효과에 길항작용을 해서 심근 수축력을 지속시켜서 심근의 안정화를 이룬다. 3) (③)은 산증을 교정하여 포타슘이 세포 내로 다시 이동하게 한다. 4) (④)는 신장기능이 정상일 때 적용하며, 칼륨배설을 촉진한다. 5) (⑤)을 정맥으로 0.5mg 투여 시 30분 이내에 혈청 칼륨농도가 감소되고, 그 효과가 6시간 지속된다. 6) (⑥)는 구강이나 직장으로 투여한다. 수지 내에 있는 다른 양이온과 장관 내의 포타슘을 교환시켜서 포타슘을 대변으로 배출시킨다.

20 인체 내 칼슘의 99%는 뼈와 치아에 있고, 나머지 1%는 조직과 혈액 속에 있다. 혈장칼슘 정상수치는 (①)mg/dL 이하이다.

21 혈청 내 칼슘의 유리는 일차적으로 (①)에 의해 조절된다. (②)은 뼈에서 혈장으로 칼슘의 이동을 촉진하고, 칼슘의 장내 흡수를 자극하며, 신장의 칼슘 재흡수를 증진시킨다. (③)에서 분비되는 (④)은 칼슘을 혈청에서 뼈로 이동시켜, 혈청 칼슘을 감소시킨다.

22 칼슘의 기능은 1) 신경전달물질의 촉매역할, 2) 세포의 투과성 유지로 혈청 칼슘농도가 증가하면 세포투과성을 (①)시킴, 3) 신경자극 전달 조절과 신경근/골격근/심근의 (②)과 뼈 강화, 4) 혈액응고기전에 관여하여 (③)을 (④)으로 전환시키고, 5) (⑤)의 흡수와 이용 증가, 6) 효소활동과 활동 강화이다.

23 저칼륨혈증에서는 (①)가 양성으로 나타난다. 이는 팔의 상박에 혈압기 커프를 감아서 압력을 가하거나 손목을 꽉 잡아서 수 분간 순환을 억제하면 손이 굴곡하는 것이다.

24 저칼륨혈증에서는 (①)가 양성으로 나타난다. 이는 안면신경부위(관자놀이 바로 밑)를 가볍게 쳤을 때 안면근육의 경련이 나타난다.

25 저칼슘혈증에서 혈장 내 이온화된 칼슘 수치를 정상적으로 교정하기 위해서 (①) 정맥 주입도 가능하나 주사부위 피부괴사를 야기할 수 있어 대상자가 central IV line을 가지고 있지 않은 이상 말초정맥으로 투여 가능한 (②)를 투여한다.

26 혈청 pH를 정상으로 유지하기 위한 3가지 상호의존적 생리적 체계는 1) 폐에서 산 배설, 2) (①)에서 산을 배설하거나 알칼리 교정, 3) (②)에 의해 과다한 산 또는 알칼리를 중화한다.

27 호흡성 산증의 원인은 (①)저하와 과다한 (②)정체이다. 호흡성 알칼리증의 원인은 (③)이다.

28 대사성 산증의 원인은 과다한 (①), (②)부족이고, 대사성 알칼리증은 (③), 과다한 (④) 섭취 또는 재흡수이다.

29 대사성 산증은 2가지 다른 기전에 의해 초래될 수 있는데, 1) 하나는 (①)의 축적이고, 2) 다른 하나는 (②)의 상실이다. 이러한 기전은 높은 음이온 격차의 상승 여부에 따라 임상적으로 구별될 수 있다. 음이온 차이가 정상인 대사성 산증은 (③)감소가 주된 기전으로, (③) 소실만큼 (④)를 흡수하므로 음이온 차는 변하지 않는다. 음이온 차이가 큰 대사성 산증은 비정상적인 산 축적에 따라 (③)가 완충작용을 함으로 발생된다.

01 ① 60~70, ② 40, ③ 20, ④ 75~85, ⑤ 세포외액, ⑥ 세포내액
02 ① 전류, ② 증가, ③ 분배, ④ 산-염기
03 ① 시상하부, ② 뇌하수체, ③ 원위세뇨관
04 ① 레닌, ② 안지오텐신Ⅰ, ③ 안지오텐신Ⅱ, ④ 알도스테론
05 ① 시상하부, ② 갈증삼투수용체
06 ① Na^+-K^+ pump, ② 세포내액, ③ 세포외액
07 ① 정수압, ② 삼투압
08 ① 단백질, ② 교질삼투압
09 ① 투과성, ② 교질삼투압
10 ① 증가, ② 체위성, ③ 편평함, ④ 감소
11 ① 수분 장력
12 ① 수축, ② 삼투질, ③ 세포외액량
13 ① 135, ② 40, ③ 275
14 ① 상승, ② 경련
15 ① 145, ② 295
16 ① 단백질, ② 포도당, ③ 활동, ④ 촉진
17 ① 인슐린, ② 글루카곤, ③ 코티솔, ④ 알도스테론
18 ① 저하, ② U, ③ 연장, ④ 상승, ⑤ 하강, ⑥ 연장
19 ① 인슐린(RI), ② 칼슘, ③ 중탄산염($NaHCO_3$), ④ 프로세마이드(furosemide), ⑤ 알부테롤(albuterol), ⑥ 양이온 교환수지(Kayexalate)
20 ① 9~10.5
21 ① 부갑상샘, ② 부갑상샘 호르몬, ③ 갑상샘, ④ 칼시토닌
22 ① 감소, ② 수축, ③ 프로트롬빈, ④ 트롬빈, ⑤ 비타민 B_{12}
23 ① 트루소(Trousseau) 징후
24 ① 크보스텍(Chvostek) 징후
25 ① 칼슘 클로라이드(염화칼슘), ② 칼슘 글루코네이트(글루콘산칼슘)
26 ① 신장, ② 화학적 완충체계
27 ① 호흡, ② CO_2, ③ 호흡과다
28 ① 비휘발성 산, ② 염기, ③ 비휘발성 산 손실, ④ HCO_3^-
29 ① 비휘발성 산, ② 염기, ③ HCO_3^-, ④ Cl^-

2 개념 인출 학습

01 수분부족 증상으로 피부탄력성 저하가 나타날 수 있다. 이를 확인하기 위한 사정방법을 설명하시오.

02 체위성 저혈압의 정의를 답하시오.

03 저나트륨혈증의 증상으로 근육약화, 심부건 반사 저하, 근육강직, 경련, 근육통, 근긴장 저하 등이 발생하는 병태생리적 근거를 설명하시오.

04 고나트륨혈증에서 세포탈수가 발생하는 기전을 설명하시오.

05 칼륨의 기능을 설명하시오.

06 고칼륨식이와 저칼륨식이를 각각 5가지씩 제시하시오.

07 저칼륨혈증에서 부정맥, 저혈압, 느리고 약한 맥박이 발생하는 병태생리적 기전을 설명하시오.

08 저칼슘혈증에서 강직증상이 발생하는 병태생리적 기전을 설명하시오.

09 뇌의 호흡조절중추의 기전을 설명하시오.

10 호흡성 산증의 원인을 답하시오.

11 호흡성 알칼리증의 원인을 답하시오.

12 호흡성 산증의 중재법을 답하시오.

13 호흡성 알칼리증의 중재법을 제시하시오.

14 대사성 산증의 원인을 답하시오.

15 대사성 알칼리증의 원인을 답하시오.

16 대사성 산증의 보상기전을 설명하시오.

17 음이온차의 개념을 설명하시오.

18 음이온 차이가 정상인 대사성 산증의 유발원인을 답하시오.

19 음이온 차이가 큰 대사성 산증의 유발원인을 답하시오.

CHAPTER 03 면역과 알레르기

영역			기출영역 분석	
면역의 종류	비특이적 면역		비특이적 면역 특성 2010	
			조직손상의 원인 1999	
			염증의 4대 증상 1999	
			염증의 전신적 영향 3가지 1999	
	특이적 면역 (= 방어기전)	면역종류	수동면역과 능동면역 비교 2010	
			태반 또는 모유에 의하여 어머니로부터 면역항체를 받은 상태 1995	
			자연능동면역의 정의와 예 2010	
			수두 이환 후 획득하는 면역의 유형 2022	
			인공능동면역의 특징과 예 2010, 예방접종을 통한 후천성 면역의 유형 2018	
			백신의 종류 2010	
		면역글로불린	알러지 및 가족성 과민성 증상의 요인이 되는 면역글로불린 1995	
			예방접종 후 생성되는 혈중 면역글로불린 2013	
		면역반응	1차 면역반응과 2차 면역반응 2013	
면역병리	과민반응	Ⅰ형 (즉시형)	즉시형 과민반응 매개항체 2024	
			알레르기성 천식의 발생기전(병태생리) 2007, 2014	
			알레르기 비염의 발생 관련 항체 2018	
			아나필락시스	즉시형 과민반응의 가장 심각한 형태 2024
				페니실린 알레르기로 발생한 아나필락시스 발생기전, 증상, 응급 약물 2012
				말벌에 쏘이고 난 후 전신두드러기가 나고, 의식불명 상태의 대상자에게 일차적으로 투약해야 할 약물과 투약목적 2011
		Ⅱ형	세포독성형	
		Ⅲ형	면역복합체형	
		Ⅳ형	접촉성 피부염의 진단검사 명칭과 판독시간 포함한 검사법 2024	
	면역결핍	후천성 면역결핍	후천성면역결핍증 예방법	신고의무자, 신고시기 2023
			원인, 감염경로, 증상, 합병증 1993	
			직접적인 전파 경로 1996, 2023	
			감염 가능한 경우 2009	
			HIV선별검사, AIDS진단기준(CD4$^+$ T-cell) 2016	
	자가면역질환		종류(다발성 경화증, 만성 사구체 신염, 류마티스 열) 1992	
			자가면역 정의 2020, 전신홍반성 낭창의 나비모양 발진의 발생기전 2020	
	이식 거부반응		만성신장이식 거부반응이 의심되는 징후 2011	

마이-맵을 활용한 학습요점 정리

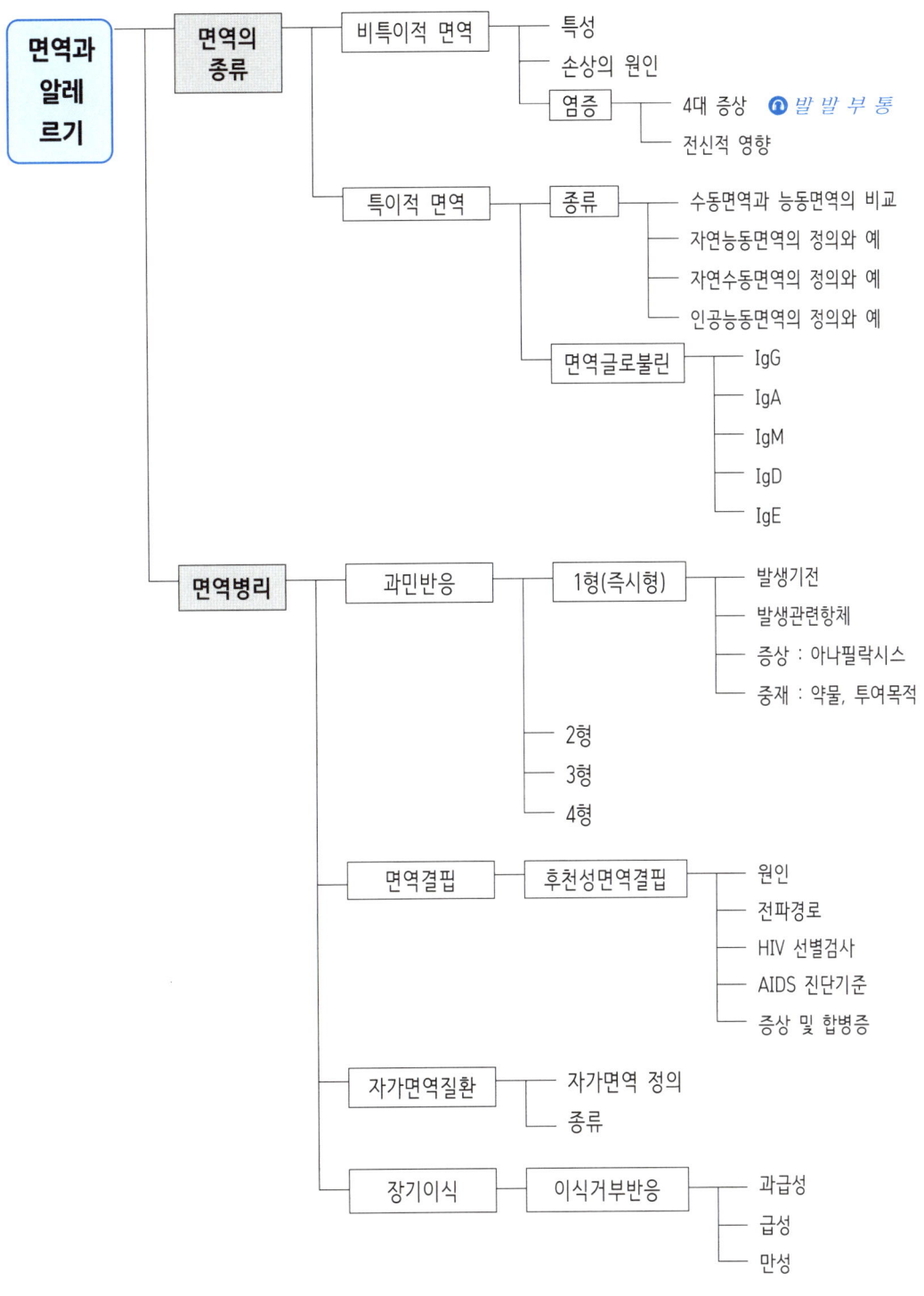

CHAPTER 03. 면역과 알레르기

개념 정리 학습

01 비특이적 면역 중 1차 방어선은 (①) 방어기전, 정상(②), 체액(③)이고 2차 방어선은 (④)이다. (④)에 탐식된 균은 활성효소에 의해 살균되며 용해소체 내의 효소에 의해 분해된다.

02 염증은 인체가 손상을 받을 때 즉시적으로 강력하면서도 거칠게 나타나는 국소 반응으로 염증성 물질을 (①)시키고 (②)하며 괴사물질을 (③)하여 치유와 회복에 적합한 환경을 만드는 것이다.

03 염증의 4대증상은 (①), (②), 부종, 통증이다. (①)은 손상받은 세포에서 히스타민, 키닌, 프로스타글란딘 같은 화학적 매개물질이 방출되어 모세순환의 확장으로 인한 충혈로 발생되고, (②)은 염증부위의 신진대사 증가, 모세순환의 확장으로 인한 충혈로 발생된다. 부종은 백혈구 (③)에 의한 (④)형성으로 초래되고, 통증은 (⑤)의 변화, 화학물질에 의한 (⑥)자극, 삼출물에 의한 압력으로 발생된다.

04 염증 발생 시 (①)와 (②)에서 백혈구가 다량 증가한다. 급성염증에서는 (③)가 증가하고, 만성염증에서는 림프구와 (④)가 증가하고, 알레르기에서는 (⑤)가 증가한다.

05 (①)매개성 면역, 자연적 또는 인위적으로 발생하는 것으로 능동면역과 수동면역이 있다. 능동면역은 수동면역에 비해 면역 효력이 (②) 나타나나, 효력 지속시간은 (③). 수동면역은 능동면역에 비해 면역 효력이 (④) 나타나나, 효력 지속시간은 (⑤).

06 한번 이환되면 두 번 다시 이환되지 않고 영구면역 형성이 잘 되는 전염병은 (①), (②), (③), (④), (⑤), (⑥), (⑦), (⑧) 등이다.

07 생백신은 병원체의 (①)을 약화시켜 (②)을 약화시키는 것으로 일회접종으로 얻어지는 인공능동면역으로 (③), (④), (⑤), 경구용 폴리오(sabin), 수두, 황열, 비강용 인플루엔자, 일본뇌염(생백신), 대상포진, 로타바이러스, 두창, 탄저 등이 포함된다.

08 사균백신은 바이러스와 세균을 죽여서 (①)를 추출한 것으로 면역유지를 위하여 (②)이 필요하다. 그 예로는 (③), (④), (⑤), (⑥), 일본뇌염(사백신), 사람유두종바이러스, 백일해, 장티푸스, 파라티푸스, 콜레라, 페페스트, b형헤모필루스인플루엔자(Hib), 폐렴구균, 발진티푸스, 수막구균 등이 포함된다.

09 백신의 종류 중 순화독소는 세균이 생산한 체외 독소를 (①)해서 사용하는 것으로 (②), (③)가 포함된다.

10 IgG은 (①)을 통과하는 유일한 글로불린으로 면역반응 후기에 생성되는 이차 체액성 면역반응의 주 항체로 백신접종 3~4주 후에 최고수준에 도달한다. (②) 생성 이후에 생성된다. 기능은 세균성, 바이러스 감염 시 항원을 (③), 항원에 대한 (④) 형성, (⑤) 활성화 등이다.

11 IgA는 점막(호흡기, 피부, 위장관 등) 표면에 미생물이 달라붙지 못하게 방어하며, (①)하는 영아는 모체로부터 공급받아 장내 (②)에 저항이 높다.

12 IgE는 알레르기 반응을 유발한다. 기능은 (①)와 (②)에 부착되며, (③) 감염에 대한 방어기능을 한다.

13 첩포검사는 4형 과민반응 검사로 (①) 피부염의 원인으로 의심되는 알레르기원을 피부에 붙이고 (②) 시간 후 1차 판독, (③)시간 경과 후 2차 판독 실시한다. 이때는 가려움증, 발적 등 피부염 증상을 확인한다.

14 탈감작법은 확인된 알레르기원을 희석하여 용액을 조제 후 (①)로 주입, 점차 양을 늘려 항원에 둔해지게 하는 방법으로 (②)를 증가시키는 작용을 한다. 목적은 (③) 치료에 사용한다.

15 아나필락시스 쇼크는 제1형 과민반응의 가장 치명적인 상태로 쇼크에 빠지는 등의 응급처치를 필요로 하는 반응이다. 매개물질의 작용이 국소적 혹은 전신적인지 또는 특정 장기침범 여부에 따라 달라진다. 코나 눈의 점막에 항원이 노출되면 콧물·재채기·충혈·눈물 증상을 일으키며 혈관과 기관지 평활근에 작용하여 광범위한 혈관(①) 심박출량 (②), 심각한 기관지 (③)을 급격하게 일으키는 전신증상이 발생할 수 도 있다.

16 아나필락시스 쇼크 발생 시에 (①)을 가장 먼저 투여한다. (①)은 혈관을 수축하여 심근수축을 증가시키고 세기관지를 확장시킨다. 필요시 같은 양을 매 15~20분마다 반복 투여할 수 있다. (②) 내 주사가 정맥 투여보다 안전하다. 그 이유는 정맥투입 시 중증의 (③), 심실성 (④) 등이 발생할 수 있기 때문이다.

17 「후천성면역결핍증 예방법」에 제시된 후천성면역결핍증환자란 감염인 중 대통령령으로 정하는 후천성면역결핍증 특유의 임상증상이 나타난 사람이다. 대통령령으로 정하는 후천성면역결핍증 특유의 임상증상이란 (①)기능에 결함이 있고, (②), (③) 등의 기회감염 또는 기회질환이 있는 경우를 말한다.

18 HIV는 약한 바이러스로 (①), (②), (③), (④) 등 감염된 체액이 접촉하는 특별한 조건에서 전파된다.

19 HIV감염 후 (①)주 후 항체 형성, (②)는 HIV 감염 여부를 시험하는 효과적인 선별검사로 쉽고 경제적이나 위양성(false positive) 가능성 있다. (③)는 선별검사에서 양성을 보인 경우 확진을 위해 사용한다.

20 AIDS의 진단기준은 다음 5가지 중 1가지라도 나타나면 진단한다. 1) $CD4^+$ T세포수 (①) 미만으로 감소, 2) PCP 폐렴, 콕시디오데스 진균증, 단순포진, 폐렴, 식도염, 뇌의 톡소플라즈마증 등의 (②)으로 진행되는 경우, 3) 침윤성 자궁경부암, (③) 육종, Burkitt 림프종, 면역아세포성 림프종, 뇌의 원발성 림프종 등 (④)으로 진행되는 경우, 4) (⑤) 증후군 발생, 5) AIDS (⑥)로 진행이다.

21 이식거부반응은 장기이식 시 공여자와 수혜자가 유전적으로 동일하지 않다면 수혜자의 면역계는 이식된 조직이나 기관을 (①)으로 인식하여 (②)이 유발된다.

22 (①)는 장기이식 시 자기, 비자기를 인식하는 능력이 있고 면역세포 간 제어기능을 담당한다. (②)를 제외한 모든 혈액 세포 표면에 존재한다.

23 만성이식거부반응은 만성적으로 일어나는 이식 장기의 (①)로 (②)와 (③)가 관여된다. 혈관벽에 (②), (③), 섬유소, 혈소판 등이 축적되어 혈관이 좁아진다. 혈관 내피손상을 보상하기 위해 조직의 증식, 괴사, 콜라겐 축적 등의 과정을 거쳐 순환을 막게 되어 결국 이식장기의 기능부전과 퇴화가 진행된다.

---

01 ① 해부생리적, ② 세균총, ③ 저항인자, ④ 식세포
02 ① 중화, ② 희석, ③ 제거
03 ① 발적, ② 발열, ③ 삼출, ④ 혈종, ⑤ 산도, ⑥ 신경
04 ① 골수, ② 림프절, ③ 호중구, ④ 단핵구, ⑤ 호산구
05 ① 항체, ② 늦게, ③ 길다, ④ 빠르게, ⑥ 짧다.
06 ① 두창, ② 홍역, ③ 수두, ④ 유행성이하선염, ⑤ 성홍열, ⑥ 발진티푸스, ⑦ 페스트, ⑧ 황열
07 ① 독성, ② 병원성, ③ 홍역, ④ 유행성이하선염, ⑤ 풍진
08 ① 정제, ② 추가 면역, ③ 공수병, ④ A형간염, ⑤ B형간염, ⑥ 유행성출혈열
09 ① 불활성화, ② 파상풍, ③ 디프테리아
10 ① 태반, ② IgM, ③ 옵소닌화, ④ 항체, ⑤ 보체
11 ① 모유 수유, ② 병원성균
12 ① 비만세포, ② 호염기, ③ 기생충
13 ① 접촉성, ② 48, ③ 72~96
14 ① 피하, ② IgG, ③ 제1유형 과민반응(IgE 중개형)
15 ① 혈관, ② 감소, ③ 협착
16 ① 에피네프린, ② 근육, ③ 고혈압, ④ 부정맥
17 ① 세포면역, ② 주폐포자충폐렴(住肺胞子蟲肺炎), ③ 결핵
18 ① 혈액, ② 정액, ③ 질 분비물, ④ 유즙
19 ① 6~12, ② 효소면역혈청 검사(ELISA), ③ Western blot test
20 ① 200개/µL, ② 기회감염, ③ 카포시, ④ 기회성 암, ⑤ 소모성, ⑥ 치매 복합체(ADC)
21 ① 항원, ② 면역학적 거부반응
22 ① 조직적합성 항원(HLA, Human Leukocyte Antigen), ② 적혈구
23 ① 퇴화, ② 항체, ③ 보체

2 개념 인출 학습

01 비특이적 면역의 정의를 답하시오.

02 조직손상의 원인을 5가지만 답하시오.

03 특이적 방어기전(= 면역)의 정의를 답하시오.

04 후천성 면역(= 획득면역)은 인체에서 이종단백질에 대한 적응반응으로 형성되거나 이미 형성된 것을 받아들이는 것을 의미한다. 자연능동면역, 인공능동면역의 개념을 제시하시오.

05 후천성 면역(= 획득면역)의 종류 중 자연수동면역과 인공수동면역의 획득방법을 각각 설명하시오.

06 면역물질 중 항체의 기능을 답하시오.

07 면역물질 중 보체계의 기능을 설명하시오.

08 과민반응의 정의를 답하시오.

09 1형~4형까지 과민반응의 예를 각각 3가지씩 답하시오.

10 과민반응 진단검사 중 피부단자 검사법을 설명하시오.

11 「후천성면역결핍증 예방법」에 근거하여 HIV 감염인의 신고기준, 신고의무자, 신고시기를 각각 제시하시오.

12 HIV 감염 후 병리과정을 4단계로 설명하시오.

13 자가면역의 개념을 답하시오.

14 자가면역질환의 개념을 답하시오.

15 신장이식 후 만성거부반응 시 증상을 제시하시오.

CHAPTER 04 종양간호

영역	기출영역 분석		
종양에 대한 이해	악성종양의 특징 : 피막, 전이, 유사분열, 성장양식, 성장속도 `1996`		
	암의 예방 : 전립선암 종양 표식자, 국가암 검진사업 `2014, 2019, 2023`		
종양치료법	항암 화학요법	사이클로포스파마이드 약리기전, 효과, 부작용, 부작용 예방 및 관리법 `2013`	
		화학요법을 받고 있는 환자 간호중재	머리감기, 식이, 피임여부, 예방접종, 구내염 등 `2009`
		위암으로 위 절제술 후 화학요법 후 건강문제	구내염, 피부 모발 상태, 임상검사 결과해석 (백혈구, 혈소판, 알부민, 소변분석 검사 내 백혈구) `2010`
	방사선요법	피부간호 : 표시부위 관리, 관찰내용, 청결관리 `2012`	
	수술요법		

마 이-맵을 활용한 학습요점 정리

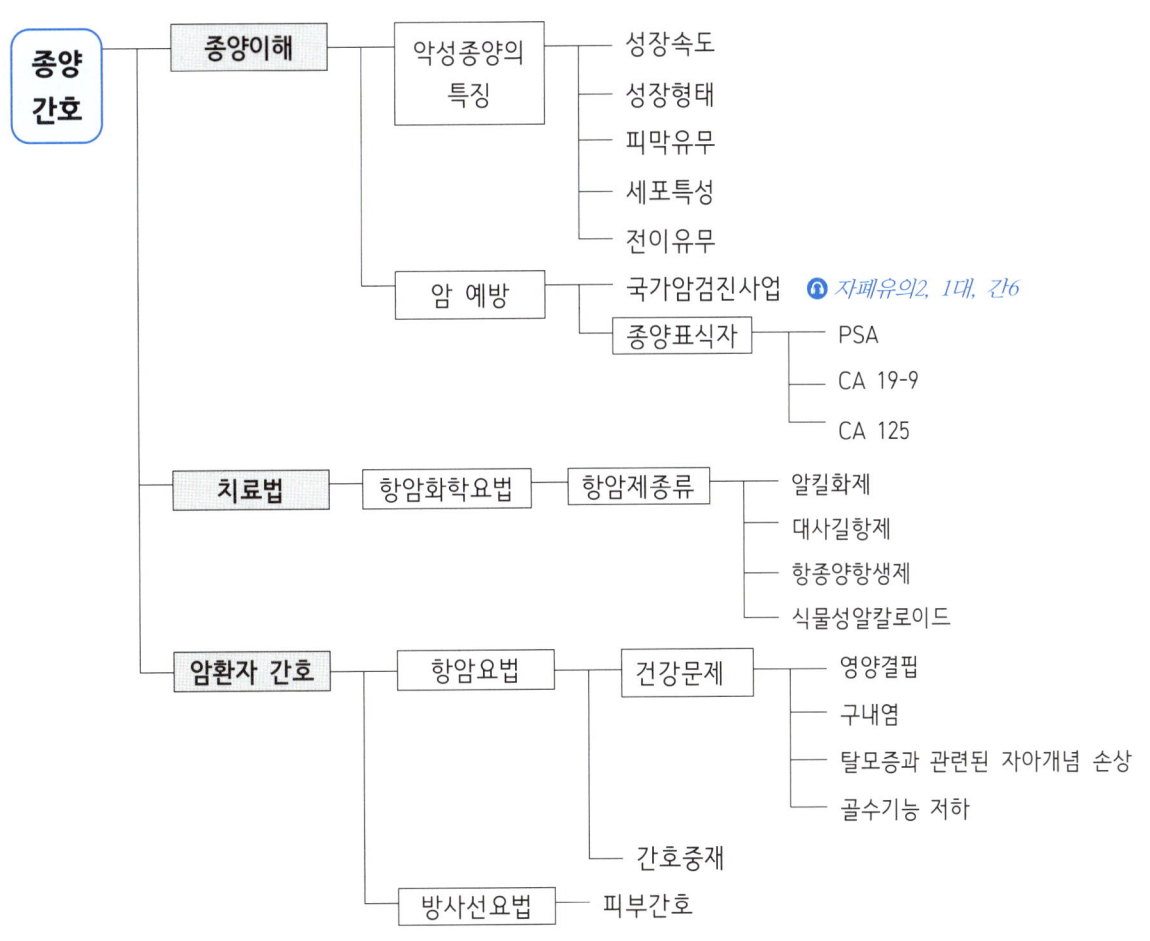

1 개념 정리 학습

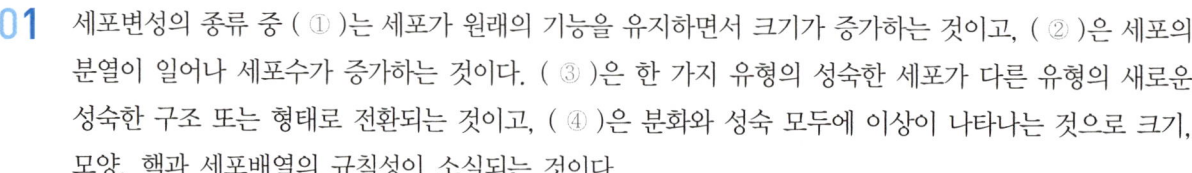

01 세포변성의 종류 중 (①)는 세포가 원래의 기능을 유지하면서 크기가 증가하는 것이고, (②)은 세포의 분열이 일어나 세포수가 증가하는 것이다. (③)은 한 가지 유형의 성숙한 세포가 다른 유형의 새로운 성숙한 구조 또는 형태로 전환되는 것이고, (④)은 분화와 성숙 모두에 이상이 나타나는 것으로 크기, 모양, 핵과 세포배열의 규칙성이 소실되는 것이다.

021 발암현상은 악성세포로의 변환과정으로 (①) - (②) - (③) 과정을 통하여 이루어진다. (①)는 발암물질인 화학적·생물학적·물리적 인자가 세포 내 핵으로 들어와 DNA의 분자구조를 바꾸어 정상세포를 암세포로 변하게 한다. (②)는 정상세포가 발암물질로 인해 암세포의 특성을 갖게 되고, 성장이 빨라지면 종양을 형성한다. (③)는 종양세포는 계속 분열하면서 원래의 발단이 된 암세포와는 또 다른 일련의 새로운 악성세포를 만들게 된다.

03 암 전이의 경로 중 직접확산은 암에서 나오는 (①)에 의해 인접해 있는 주위 조직으로 침습하는 것이고, 원거리 전이는 (②) 전이와 (③) 전이가 있다. (②) 전이는 혈관에 큰 구멍을 내는 효소로 인해 암세포가 혈관 내로 들어와 전신으로 순환되고, (③) 전이는 암세포로 형성된 미세한 색전이 림프계를 통하여 다른 부위로 이동하여 증식한다. (④) 전이는 종양세포들이 장막을 뚫고 체강 내의 장액을 통해 장막 표면 여러 부위에 씨앗을 뿌려 놓은 것처럼 여러 (⑤)을 형성하는 것이다.

04 「암관리법 시행령」에 제시된 국가암검진 사업 대상인 위암의 검진주기는 (①)년이고 연령기준은 (②)세 이상의 남·여이다.

05 「암관리법 시행령」에 제시된 국가암검진 사업인 간암의 검진주기는 (①)이고, 연령기준은 (②)세 이상의 남·여 중 간암발생 고위험군이다. 간암발생 고위험군은 (③), (④) 항원 양성, (⑤) 항체 양성, B형 또는 C형 간염 바이러스에 의한 만성 간질환 환자를 말한다.

06 국가암검진 대상인 대장암의 검진주기는 (①)이며, 연령기준은 (②)세 이상의 남·여이다.

07 국가암검진 대상인 유방암의 검진주기는 (①), 연령기준은 (②)세 이상의 여성이다. 자궁경부암의 검진주기는 (③)이며, 연령기준은 (④)세 이상의 여성이다.

08 국가암검진 대상인 폐암의 검진주기는 (①)이며, (②) 이상 (③) 이하의 남·여 중 폐암 발생 고위험군이다. 폐암발생 고위험군은 (④)[하루 평균 담배소비량(갑) × 흡연기간(년)] 이상의 흡연력(吸煙歷)을 가진 현재 흡연자와 폐암 검진의 필요성이 높아 보건복지부장관이 정하여 고시하는 사람을 말한다. 폐암 발생 고위험군으로 확인되어 국가폐암검진을 받았던 자는 검진 후 금연을 하더라도 금연 (⑤) 이내, (⑥)세까지 폐암검진 대상에 포함된다.

09 Cyclophosphamide는 (①)로 DNA 구조 복제 예방과 유사분열 예방. 세포주기의 모든 단계에 있는 세포를 죽일 수 있다. 독작용으로 골수 억제, 오심, 구토, 원형 탈모증, 화학적 자극으로 (②) 등이 발생될 수 있다.

10 Tamoxifen citrate은 선택적으로 (①)에 결합하는 제제로 유방에서는 (②)작용을 하고 여성생식기와 혈액이나 뼈 등에서는 (③)처럼 작용한다.

11 Methotrexate는 대사길항제로 (①)을 방해한다. 독작용으로 식욕 부진, 오심, 구토, 골수저하, 원형탈모증, 구내염, 피부발진, 건조, 손톱 변화 등이 나타날 수 있다.

12 항암제 투여와 관련하여 구내염(구강점막 손상)과 관련된 통증이 발생할 수 있다. 이는 빠른 속도로 세포가 파괴됨에 따라 염증반응과 궤양이 형성되는 것이다. 구내염 발생 시 매 (①)시간마다 구강간호를 한다. (②)이나 생리식염수로 함수하면 구강건조를 완화시켜 불편감을 줄여준다.

13 방사선 치료부위의 피부간호 시 치료사가 피부에 표시해 둔 것을 지우지 말아야 한다. 이 표시는 (①)을 정확하게 표시해 둔 것이기 때문이다. 또한 지시가 있을 때까지 씻지 말아야 한다. 씻어도 된다면 물로만 씻거나 약한 비누로 부드럽게 씻고 충분히 헹군 후 살살 두드리면서 말려야 한다.

01 ① 비대, ② 과형성, ③ 화생, ④ 이형성
02 ① 발단기, ② 증진기, ③ 진행기
03 ① 효소, ② 혈행성, ③ 림프성, ④ 파종성, ⑤ 속립성 소결절
04 ① 2, ② 40
05 ① 6개월, ② 40, ③ 간경변증, ④ B형간염, ⑤ C형간염
06 ① 1년, ② 50
07 ① 2년, ② 40, ③ 2년, ④ 20
08 ① 2년, ② 54세, ③ 74세, ④ 30갑년, ⑤ 15년, ⑥ 74
09 ① 알킬화제, ② 출혈성 방광염
10 ① 에스트로겐 수용체, ② 에스트로겐 길항작용, ③ 에스트로겐
11 ① DNA와 RNA합성에 필요한 핵산과 단백질 S기의 합성
12 ① 2~3, ② 따뜻한 소금물
13 ① 치료되어야 할 부분

2 개념 인출 학습

01 악성종양의 분류 중 암종과 육종의 정의를 각각 제시하시오.

02 국제암연합(International Union Against Cancer, IUAC)와 미국 암연합(Amerrican Joint Commitee on Cancer, AJCC)은 TNM 분류체계를 활용한다. 활용목적은 치료결정을 돕고, 예후정보를 제공하는 데 사용할 수 있는 위치-특이 암에 대한 범주를 만드는 것이다. TNM 병기 중 T병기 내 TIS의 정의를 답하시오.

03 악성종양의 성장속도와 성장형태를 답하시오.

04 암의 1차 예방의 정의를 제시하시오.

05 암의 2차 예방의 개념을 답하시오.

06 암을 의심할 만한 7가지 위험신호(CAUTION)을 제시하시오.

07 암의 증상으로 국소증상을 3가지만 답하시오.

08 암검진실시기준에 제시된 대장암의 검사항목 3가지를 제시하시오.

09 암검진실시기준에 제시된 간암의 검사항목 2가지를 답하시오.

10 항암제의 종류는 세포주기 특이약제(CCS, cell-cycle-specific drug)와 세포주기 비특이약제 (CCNS, cell-cycle-nonspecific drug)로 구분한다. 이 둘을 각각 설명하시오.

11 Cyclophosphamide에 의한 부작용으로 출혈성 방광염이 발생한 경우에 제고해야 할 중재를 4가지로 제시하시오.

12 항암제 투약 시 골수기능저하와 관련된 간호진단을 3가만 제시하시오.

CHAPTER 05 재활간호

영역			기출영역 분석
재활간호의 원리	옷 입고 벗기		상지 석고붕대 시 앞 단추가 있는 상의를 입을 때 [2009]
	목발 보행		점검내용, 체중 싣기, 계단보행 [2009, 2012, 2022]
			3점보행 명칭 [2022]
			팔꿈치 상태, 시선, 목발마비(예방/증상) [2010]
			액와용 목발의 손잡이 조절과 그 효과, 기본 목발 자세, 의자에 앉을 때 [2018]
			손상 시 목발마비가 발생할 수 있는 신경 명칭 [2022]
이학적 요법의 종류	물리적 요법		냉요법과 온요법 [1992]
			냉요법의 효과, 적용 예 [1998, 2024]
			마사지 : 진동마사지기 적용 이유 [2013]
			전기치료
	치료적 운동	등장성 운동	상·하지 석고붕대 제거 후 관절운동 범위 [2009]
		등척성 운동	하지 석고붕대를 한 대상자의 근육량 감소를 위해 실시하는 운동 [2009, 2012]

my-map을 활용한 학습요점 정리

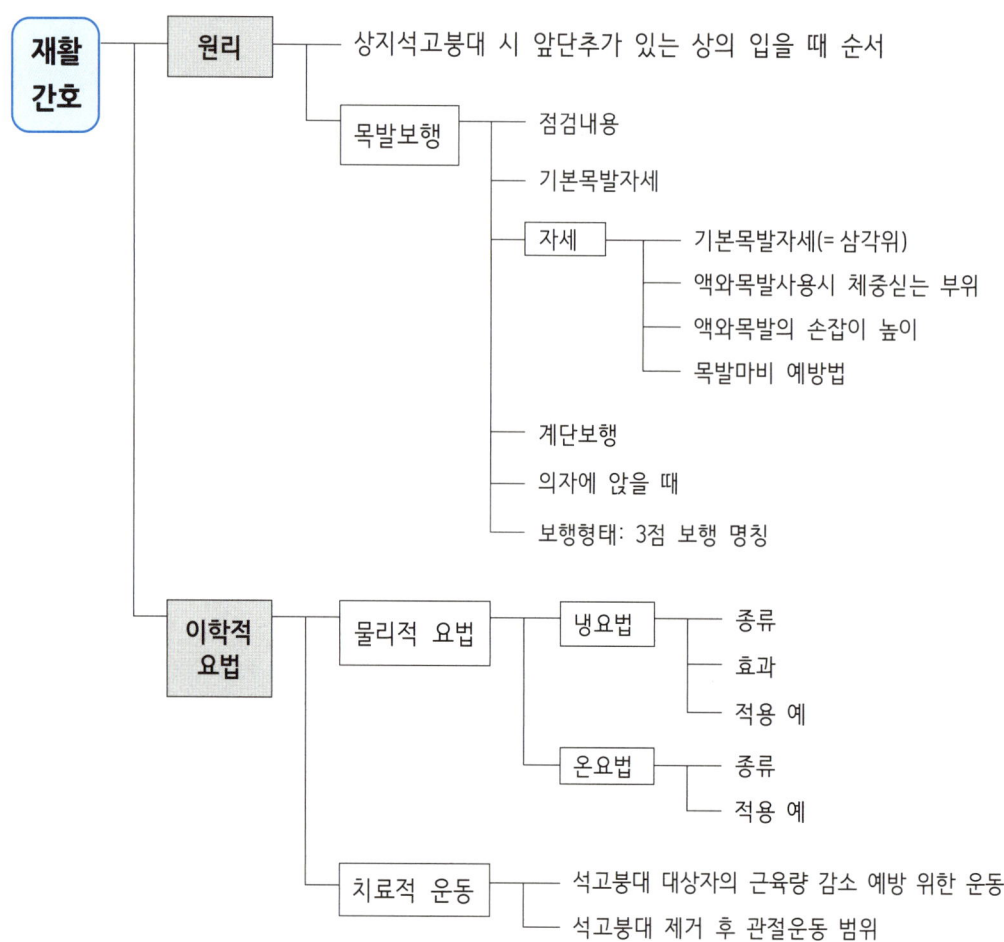

1 개념 정리 학습

01 액와목발 제작을 위해서 대상자의 키, 팔꿈치 굴곡 각도(30도), 그리고 목발 패드와 액와 막대 간의 길이를 측정한다. 눕거나 선 자세에서는 전액와 밑 (①) 손가락 너비만큼 떨어진 곳에서부터 대상자의 발 앞에서 옆으로 (②)cm 떨어진 지점까지 계측한다. 또는 대상자의 키에서 (③)cm을 빼서 측정한다.

02 액와 목발의 길이가 길면 (①)을 압박하여 목발마비가 나타날 수 있고, 목발의 길이가 짧으면 (②)가 될 수 있다.

03 액와 목발을 사용하기 전에 침대에 있는 대상자는 어깨와 상박 근육을 강화시키는 운동을 해야 한다. 목발로 걸을 때는 주로 (①), (②), 광배근을 사용하게 된다. 이 근육들을 강화시키기 위해 침대에서 할 수 있는 운동은 앉은 상태에서 (③)와 (④) 운동 등이다.

04 복도에서 액와 목발 보행 시 똑바로 서서, (①)을 바라보면서 걷도록 한다. 또한, 목발에만 의존하는 대상자는 목발의 끝이 닳았는지 (②)를 수시로 살펴야 하고, 목발손상을 수시로 살펴야 한다. 목발이 갈라지면 대상자의 체중을 지탱하는 능력이 감소된다.

05 목발의 첨단을 엄지발가락에서 전외방 약 (①)cm 위치에 잡는 기본 목발 자세(= 삼각위) 자세에서 머리와 목, 척추를 바로 세우고 엉덩이와 무릎을 펴면 (②)이 잘 유지된다.

06 목발보행 시 체중은 (①)과 (②)에 싣고, 팔의 관절(팔꿈치)은 약 (③) 굴곡하고, 어깨는 내린다.

07 목발보행 형태 중 3점 보행은 한쪽 하지는 약해서 체중부하를 할 수 없고 다른 쪽 하지는 튼튼해서 전체 체중유지가 가능할 때 사용한다. 양쪽 목발로 (①) 쪽 다리를 지탱하면서 동시에 나가고 그 다음 (②) 쪽 다리를 내딛는다. 순서는 (③) 목발 → (④) 목발 → (⑤) 발 → (⑥) 발의 순서이며, 두 목발과 (⑦)발은 동시에 내딛는다.

08 계단에서의 목발보행법으로 오르기를 할 때는 1) 양쪽 목발을 한 손으로 잡고, 다른 한 손은 계단 난간을 잡기, 2) (①) 다리 오르기를 한 후 체중을 (①) 다리로 옮기기, 3) 목발과 (②) 다리 오르기 순이다.

09 목발사용자가 의자에 앉을 때는 1) 의자를 향해 뒤로 돌아서서, 다리 뒤쪽에 의자가 닿도록 의자 가까이 서기, 2) 한쪽 손으로 목발 2개를 포개어 (①) 쪽의 손에 목발을 포개어 잡고 체중은 (②) 다리에 실리도록 하기, 3) 다른 나머지 손으로 의자의 팔걸이나 바닥을 잡고 서서히 몸을 낮추어 의자에 앉기 순이다.

10 온요법(= 열요법)의 생리적 효과는 1) (①)이 상승되어 혈관이 이완되고 혈액순환 증가, 2) (②)치유, 3) 땀샘의 자극으로 피부가 축축해지고, 혈액 내 (③)작용 증가, 4) (④)완화, 5) 편안함과 심리적 안정 도모, 6) (⑤)강직 감소, 근경련 완화, 결체조직의 신장도 증가 등이다.

11 냉요법의 생리적 효과는 1) 말초혈관 수축, 혈액점도 증가로 (①)감소와 혈액순환 저하 및 혈압(②), 2) 모세혈관 투과력 감소로 부종(③), 3) 조직신진대사 감소로 염증반응 감소, 4) (④)긴장으로 인한 지혈효과, 5) 국소마취작용으로 통증 경감, 특히 근육경련으로 인한 통증이 있을 때 근육에 전달되는 신경말단부의 활동을 저하시킴으로써 근육경련을 감소시킨다. 6) 결체조직의 (⑤)을 감소시키고, 활액의 (⑥)를 증가시켜 근골격계 통증을 유발하는 병변이나 류마티스 관절염 및 활액낭염, 근 연축 및 경련, 외상(염좌, 타박, 골절 등) 직후, 화상 및 수술부위에 사용한다.

01 ① 3~4, ② 15, ③ 40
02 ① 상완 신경총, ② 등이 굽는 자세
03 ① 삼두근, ② 승모근, ③ 팔굽혀펴기, ④ 발칸틀
04 ① 정면, ② 고무패드
05 ① 15, ② 신체선열
06 ① 손, ② 손목, ③ 30도
07 ① 허약한, ② 강한, ③ 좌측, ④ 우측, ⑤ 환측, ⑥ 건측, ⑦ 환측
08 ① 건강한, ② 아픈
09 ① 다치지 않은 다리, ② 건강한
10 ① 체온, ② 상처, ③ 식균, ④ 부종, ⑤ 관절
11 ① 출혈, ② 상승, ③ 감소, ④ 근육, ⑤ 유연성, ⑥ 점성도

2 개념 인출 학습

01 기본목발자세의 효과를 답하시오.

02 목발보행 시 계단에서 내려오는 방법을 설명하시오.

03 온요법과 냉요법의 적응증을 각각 제시하시오.

04 마사지의 효과를 설명하시오.

05 등장성 운동의 정의와 그 효과를 답하시오.

06 등척성 운동의 정의와 그 효과를 답하시오.

06 노인간호

영역			기출영역 분석
노화와 건강문제	노인에 대한 이해		노인의 제 특성
			노화이론
		노화로 인한 변화	타액 분비 감소, 방광용량 감소, 흉곽 전후경 증가, 땀샘의 위축, 체온 조절능력 감소 2009
			폐경 후 골다공증 증가 원인과 예방대책 1998, 2013 골다공증 의심 증상 2008 61세 여성의 골다공증 발생위험 요인 2010
			폐경기 여성의 질 점막의 특성 3가지 2006
			체온조절능력 감소 : 원인, 저체온증 중재방법 2013
			청력 감퇴 2011
	노인의 건강관리	노인 관련 약물 역학	노인 관련 약물 역학(효소활동 감소, 혈청단백 감소, 사구체 여과율 감소, 무지방 체중감소와 체지방 증가) 2012
		수면관리	수면의 단계
			노인의 수면양상 변화 2011
			노인의 수면을 도울 수 있는 간호중재 5가지 2004
노인복지 제도	노인인구의 현황과 특성	노인인구 추이	노령화 사회/노령 사회 정의 2018
		관련 지수	노령화 지수 공식 1995 , 노년부양비와 노령화 지수 산출 2018
	노인보건 복지정책 및 제도	노인장기 요양보험	본인부담금, 요양인정 유효기간, 인정 및 판정등급 절차, 등급 판정기간, 재가 급여의 종류 2012
			장기요양인정등급(인지지원등급), 급여의 종류(특별현금급여), 급여제공의 일반원칙 2022

my-map*

마이-맵을 활용한 학습요점 정리

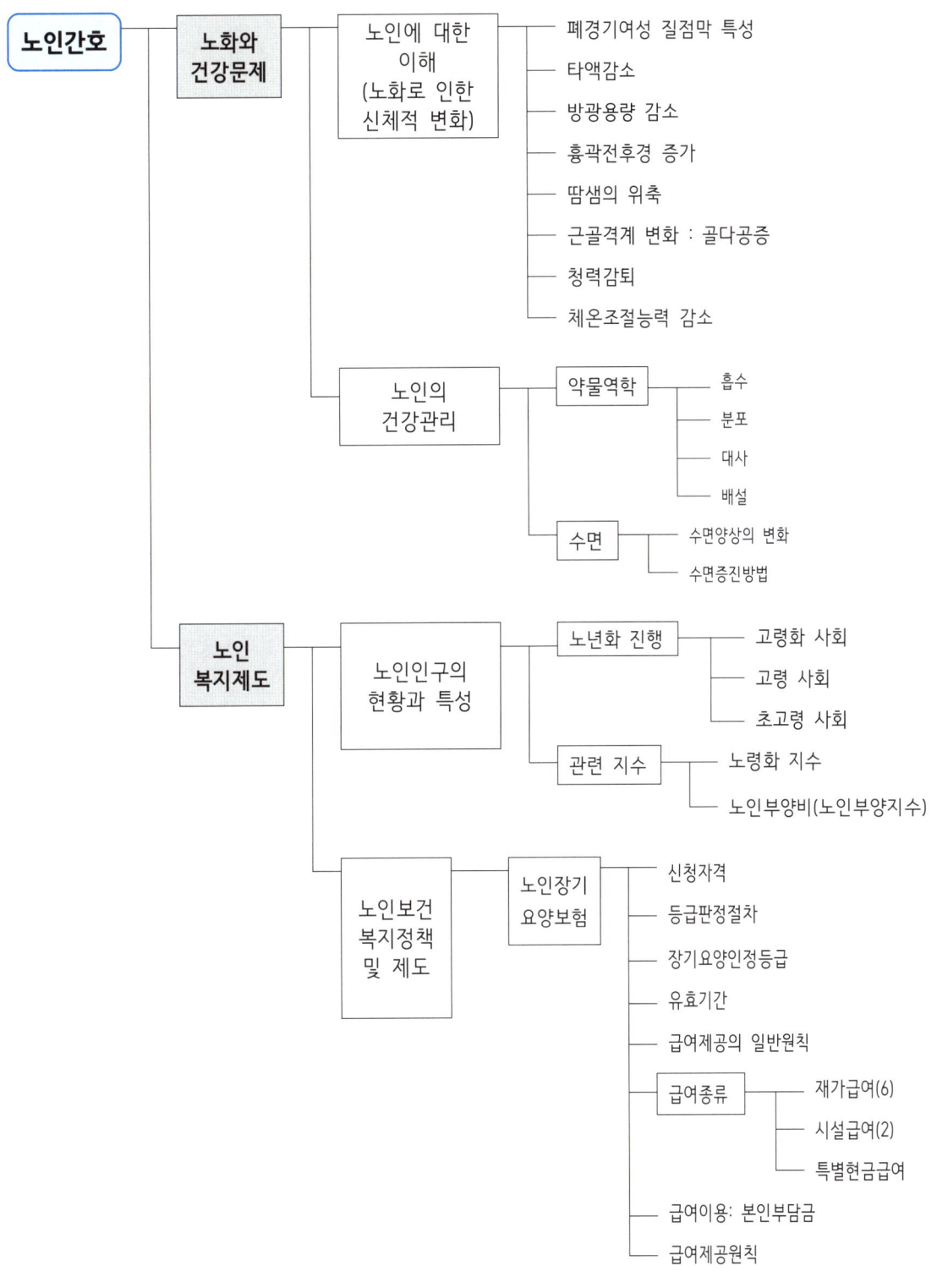

1 개념 정리 학습

01 노인의 고혈압은 성인과 달리 수축기혈압 (①)mmHg 이상 또는 이완기 혈압이 (②)mmHg 이상일 때 고혈압으로 정의하고 약물치료를 시작한다. 동맥의 경직성이 심해질수록 (③) 혈압은 증가, (④) 혈압도 증가된 말초저항에 대항하여 혈류를 유지하기 위해 높아진다. 노인 고혈압의 특징은 (③) 혈압이 높다는 것, 나이가 많아지면서 (③) 혈압은 상승하고, 65세 이상에서는 (④) 혈압이 저하됨으로써 (⑤)이 증가하는 경향 등이다.

02 노인은 흉곽의 전후경이 증가한다. 이는 척추의 골다공성 허탈로 인한 (①), 늑골과 늑연골의 (②)에 따른 늑골의 운동성 감소로 초래된다.

03 노화가 진행되면서 진피에 콜라겐이 감소하여 신축성이 감소되고, 표피가 얇아져서 수분증발이 용이해짐에 따라 주름살이 생기고 피부를 통한 (①)조절 능력이 감소한다. 또한, (②)의 수 감소하고 퇴축되어 창백한 피부와 얇아진 피부로 심부혈관이 표피로 노출되어 얼굴색이 자주색으로 변하기 쉽다.

04 노화가 진행됨에 따라 (①)과 (②)의 위축과 활동저하로 피부가 건조해져서 가려움증과 자극에 민감해진다.

05 폐경 이후 질 위축과 질 점막의 쇠퇴로 점막상피의 두께가 얇아지고 질추벽이 사라진다. 질벽이 얇아져서 (①) 분비가 적어지고 (②)의 수가 급격히 감소하여 질의 pH가 (③)되어 질염이 호발하고, 질의 탄력성과 긴장도 저하와 질 분비물 감소로 인한 질의 건조, 가려움증, 질 pH (③)이 나타날 수 있다.

06 노화가 진행됨에 따라 타액 분비가 감소하여 (①)과 (②) 발생이 흔하다.

07 폐경 이후의 여성에게 골다공증이 흔하다. 이는 활동부족과 부적절한 (①)섭취, (②) 감소와 관련이 있다.

08 (①)를 조절하는 (②) 능력저하로 근거리에 초점 맞추기 어려운 노안이 발생된다. 또한, 노랗고 흐려진 (①)로 빛을 분산시키므로 노인들은 빛에 예민하여 독서할 때 더 많은 양의 빛이 필요하다.

09 노인들의 낮은 대사량과 높은 유병률 때문에 심부체온이 변화될 위험이 높다. (①)로 열 생산 감소, (②)로 보온기전 나빠져서 추울 때 저체온증이 되기 쉽다. (③)과 피부 모세혈관의 기능저하로 고온일 때 피부에서 열을 쉽게 발산시키지 못해 열사병이 되기 쉽다. 중등도의 저체온이 되면 심장이 불안정한 상태가 되어 부정맥을 초래할 수 있다. 특히 (④)이 흔하다.

10 노인의 체지방 (①)와 제지방량(lean body mass, 지방을 제외한 양)의 (②)는 약물의 분포를 변화시켜 지용성 약물의 분포는 늘어나고, 수용성 약물의 분포는 줄어들어 제거가 늦어지고 그만큼 작용시간 연장된다.

11 간 크기 감소, 간 혈류의 감소, 효소활동의 감소로 인해 약물의 (①) 증가와 약물의 (②)가 증가하여 약물대사가 젊은 성인의 1/2~2/3까지 감소된다.

12 노인에게 약물부작용이 증가하는 이유는 1) 신장 혈류량과 (①)의 감소 때문에 혈중 (②)과 요산이 증가하고 약물 배설이 저조하여 약물중독의 위험이 젊은 사람에 비해 높음, 2) 간 크기, 혈류, 효소 생산의 저하는 약물의 (③)가 길어져 독성이 증가됨, 3) 총 체액량의 감소는 수용성 약물의 독성 위험성을 증가시킴, 4) 체지방 비율의 (④)는 지용성 약물의 저장 능력을 증가시켜 약물의 축적을 증가시킴, 5) 약물을 저장하는 (⑤)의 감소 때문이다.

13 노인기에는 잠드는데 시간이 오래 걸리는 경향이 있고, 더 쉽게 잠에서 자주 깨며 깊게 수면하는 시간이 길지 않다. 연령 증가에 따라 (①) 수면이 감소한다.

14 늦은 밤 (①) 간식(한 잔의 우유, 과자, 바나나 등)은 일부분 환자에게 입면을 쉽게 한다. (②)은 야간 수면을 방해하므로 커피나 홍차는 오전으로 제한한다. 또한, (③)은 쉽게 잠들 수 있기는 하지만 (④) 수면을 방해하여 수면을 분절시키므로 제한한다.

15 노인장기요양보험은 (①)이나 (②) 등의 사유로 일상생활을 혼자서 수행하기 어려운 노인 등에게 신체활동 또는 가사활동 지원 등의 장기요양급여를 제공하여 노후의 (③) 및 (④)을 도모하고 그 가족의 부담을 덜어줌으로써 국민의 삶의 질을 향상하도록 함을 목적으로 시행하는 사회보험제도이다.

16 노인장기요양보험 신청자격은 (①)세 이상의 노인 또는 (①)세 미만으로 노인성 질병을 가진 자나 (②)개월 이상 일상생활 수행이 어려운 자이다. 노인성 질병은 (③), (④) 등 대통령령으로 정하는 질병이다.

17 노인장기요양인정 및 등급판정은 (①) 후에 이루어지며, 장기요양등급 판정기간은 신청서를 제출한 날로부터 (②)일 이내이다. 장기요양인정 유효기간은 (③)년으로 하는데, 장기요양인정의 갱신결과 직전 등급과 같은 등급으로 판정된 경우에는 그 갱신된 장기요양인정의 유효기간은 1) 장기요양 1등급의 경우에는 (④)년, 2) 장기요양 2등급부터 4등급까지의 경우에는 (⑤)년, 3) 장기요양 5등급 및 인지지원등급의 경우에는 (⑥)년이다.

01 ① 150, ② 90, ③ 수축기, ④ 이완기, ⑤ 맥압
02 ① 척추 후만증, ② 석회화
03 ① 체온, ② 모세혈관
04 ① 피지선, ② 한선
05 ① 글리코겐, ② 되더라인간균, ③ 상승
06 ① 구강건조증, ② 구내염
07 ① 칼슘, ② 에스트로겐
08 ① 수정체, ② 모양체근
09 ① 근육량 감소, ② 피하지방 감소, ③ 한선, ④ 심실세동
10 ① 증가, ② 감소
11 ① 혈장농도, ② 반감기
12 ① 여과율, ② 크레아틴, ③ 반감기, ④ 증가, ⑤ 근육
13 ① REM
14 ① 고트립토판, ② 카페인, ③ 알코올, ④ REM
15 ① 고령, ② 노인성 질병, ③ 건강증진, ④ 생활안정
16 ① 65, ② 6, ③ 치매, ④ 혈관성 질환
17 ① 방문조사, ② 30, ③ 2, ④ 4, ⑤ 3, ⑥ 2

2 개념 인출 학습

01 골다공증의 증상을 5가지만 답하시오.

02 UN의 노인비율에 따른 고령화 정도 분류하고 있다. 고령화, 고령, 초고령 사회를 각각 설명하시오.

03 노령화지수의 정의를 설명하고 공식을 함께 제시하시오.

04 노년부양비의 정의를 설명하고 공식을 함께 제시하시오.

05 노인장기요양보험에서 정하고 있는 장기요양등급을 제시하시오.

06 노인장기요양보험의 급여종류 중 재가급여의 종류를 답하시오.

07 노인장기요양보험의 급여종류 중 시설급여를 설명하시오.

08 노인장기요양보험의 급여종류 중 특별현금급여를 설명하시오.

09 노인장기요양급여를 받는 자가 부담해야 하는 본인부담금의 비용을 재가급여와 시설급여로 나누어서 제시하시오.

임수진
보건**임**용

기본이론
복**습**노트

저자
임수진

경희대학교 간호학 박사
경희대학교 보건학 석사
경희대학교 간호학 학사

현   G스쿨 보건교수
       경희대학교 교육대학원 출강

전   경희대학교 간호학과 겸임교수
       삼육대학교 간호학과 겸임교수
       윌비스 임용고시학원 보건교수
       희소고시학원 보건교수

저서   임수진 보건임용 이론서(1~4권)
         임수진 보건임용 기본이론 복습노트(1~4권)
         임수진 보건임용 기출분석 완전학습(1, 2권)
         임수진 보건임용 임수진 마이맵
         임수진 보건임용 쏙쏙 암기노트(e-book)
         임수진 보건임용 DSM-5-TR
         임수진 전공보건 1~4(이론서+기출응용편)
         임수진 전공보건 암기카드
         임수진 전공보건 단권화 노트 기출분석편(1, 2권)
         임수진 전공보건 단권화 노트 기출응용편(1, 2권)

임수진 **보건임용** **기**본이론 복**습노트** [2]

인 쇄	2025년 1월 17일
발 행	2025년 1월 24일
편저자	임수진
발행자	윤록준
발행처	B T B
등 록	제2017-000090호
주 소	서울 동작구 보라매로 19길 8
전 화	070-7766-1070
팩 스	0502-797-1070
가 격	8,000원
ISBN	979-11-92327-98-3 13510

ⓒ 임수진, 2025
• 낙장이나 파본은 교환해 드립니다.
• 이 책의 무단전재 또는 복제행위는 저작권법 제136조에 의거하여 처벌을 받게 됩니다.